御社営業部の「病気」治します

藤本篤志

日経プレミアシリーズ

まえがき

鬼の霍乱という諺がある。普段は健康な人が珍しく病気になることの喩えだが、この語源が興味深い。鬼とは、健康な人を意味し、霍乱とは、揮霍撩乱の略語で、もがいて手を振り回す、という意味となる。

私は、この〝鬼の霍乱〟状態が、数多くの営業部と重なって見えてしまう。なぜ霍乱してしまうのかというと、自分たちの病気に気付かず、自分たちは健康だと錯覚することで、いざ病気の症状が出てしまうと、さも急に病に罹ったかのようにあたふたとしてしまうだけで、効果的な手を打つことができないからだ。

言い尽くされた言葉だが、人は、一人で生きているのではない。周りの人々と支え合って生きている。だからこそ、私たちは定期的に健康診断を受けて、急な病気で周りに迷惑を掛けないように心掛けている。また、予防にも気を遣っている。

営業部も同様であるべきだ。営業部が病気になると、会社全体に迷惑を掛ける。営業部が担っている仕事は、会社の売り上げ確保という重要な仕事だ。営業部が健康診断を怠り、病気の自覚症状なく、必要な売り上げを支えることができなければ、社員全員に多大な迷惑を掛けることになる。

したがって、営業部の健康診断は、社員全員のために怠ってはいけない。

しかし、残念な事実がある。軽いか重いかの違いはあるが、大半の営業部は病気に罹っている。しかも最悪なのは、自分たちが病気だと認識している営業部が少ないことだ。業績が目標に達しなくても、「目標が高過ぎるからだ」「人員不足だから仕方がない」「市場が悪いからだ」と原因を転嫁する。まさか、自分たちが病気だから業績が悪かった、とは露も思わないし、その発想もない。

私は、二〇〇五年に、営業コンサルティング事業の会社を立ち上げた。当時は、類似する企業が少なく、経営コンサルティングの一環で営業部のコンサルティングを行う、というのが主流だったと記憶している（いまでもその比率は高いと思われるが）。もしくは、営業コンサルティングと称しても、その実態は営業マナー研修が主な内容であった。

そのような環境の中、十年以上、この仕事に携わることができた。起業した頃は、試行錯誤を繰り返しながら、クライアントと一緒に営業コンサルティングという新しい分野を築いていった。「現状分析→課題点・問題点の整理→原因追求→プラン策定→実践→検証（現状分析）」というコンサルティング・サイクルも構築した。

そして、はっきりと目覚めた。営業コンサルティングの事業会社は、営業部の病院でなければならないということを。

営業部の健康診断を行い、病状を見つけ、その処方をする。また、その処方が、病気にならないための予防にもなる。

私は、いままで様々な病気を見つけ、その治療に成功してきた。この経験は私の財産になっている。

本書では、営業部が抱える病気とその処方について可能な限り書き記した。一つでも多くの営業部に役立つことができれば、これ以上ない喜びとなるであろう。

自分たちの営業部は健康だ、と錯覚している多くの営業部に出会った。多少は病気だとわかっていても（もしくは、周りから指摘されていても）、自分たちなりに努力しているので大丈夫だ、市場環境が悪いので仕方がないのだ、という根拠のない言い訳で会社に迷惑を掛けている多くの営業部に出会った。

そろそろ、きっちりと病気を治すべきではないだろうか。

目次

第2章 Karte.2

風評妄信VI
企画書・提案書作りが営業能力を鍛える、という真っ赤なウソ

悪性ウイルス蔓延の対策
知能を有した地上の生きものとして

第５章
Karte.5

外堀会話と慢性言い訳、という病
真実をうやむやにする癖は解決策を生まない

第１章

Karte.1

虚弱体質、という病

大半の営業部は
足下フラフラ

足腰が弱い営業部

営業コンサルタントとして、多くの営業部と関わってきた。上場企業・未上場企業、大企業・中小企業、メーカー系・サービス業系、等々、多種多様だ。

営業コンサルティング事業として取り組む内容は、次の三つに分類できる。

①健康診断（活動内容分析、マネジメント能力分析、プレイング能力分析等、現状分析を行う）

②病名特定（正常な機能を果たしていない部分を特定し、その原因分析を行う）

③各種処方（具体的な最適処方を行う。また、予防にも取り組む）

営業部によって、組織の規模、会社のブランド力、取り扱う商材、など様々な諸条件が違うので、「自分たちの問題点は特殊だ」と信じ込む営業関係者が多い。しかし、老若男女、国籍、性別、などの違いがあっても、人の罹る病気に違いがないのと同じで、特殊な営業部などない。どの営業部も同じような病気に罹る。皮肉を言えば、「自分たちの問題点は特殊だ」と考えることそのものが、ある種の病気と言える。

営業部が罹る病気の中で、最も多く、しかも深刻なものが、〝虚弱体質〟という病だ。人は、虚弱体質に陥ると、風邪をひきやすくなる。風邪は万病のもとと言われるぐらい、いろいろと健康を害する。営業部も同様だ。虚弱体質に陥ると、組織内にいろいろと不具合が生じ、いたるところに悪い症状が現れる。例えば、タフな交渉が苦手になり、人材も発育不良になりやすくなる。その他、本書で言及するすべての病気に罹る可能性がある。言い換えれば、ダメな営業部を作る病原菌を培養することになる。

営業部の虚弱体質とは、どういう症状だろうか。

一言で言えば、「営業量が少ないので足腰が弱っている」という症状だ。動かさない足は、か細く、フラフラだ。実際に、どの営業部も驚くほど営業量が少ない。どれぐらい少ないかというと、健康状態を保つ基準の半分以下、という営業部が大半だ。しかもそのような深刻な状態に気付いていていない。

営業量を示す単位としては、主に二種類ある。営業時間と営業件数だ。どちらも重要な指標だが、本書では、営業時間を指標として説明する。

大半の営業部は「一日一二〇分以下」しか営業していない

健康状態を保つ基準とは、どれぐらいの営業量を指すのか。

結論を先に述べると、一人一日平均二四〇分（本書では原則分表記）以上の営業量を必要とする。大半の営業部は、その半分以下なので、一人一日平均一二〇分以下しか営業していないのが実態だ。「当社の業界は特殊だから……」という言い訳は通用しない。業種業態、営業対象が法人・個人宅、営業スタイルが新規開拓営業・ルート営業、営業形式が直販営業・代理店営業、等々による違いはない。

一二〇分以下というと、営業マン（本書では男女ともこのように表記）の平均勤務時間（食事・休憩時間は除く）は六〇〇分なので、一日のうち二〇パーセントしか営業していないということになり、「さすがに当社はこれよりは営業している」と考える人が多いことだろう。

しかし、営業部の実態を知れば、ほとんどの人は落胆することになる。

では、営業以外の八〇パーセントに相当する四八〇分は何をしているのだろうか。

実に、その半分の三〇〇分が内勤時間なのだ、その他に、移動が一二〇分、その他外出が六〇分という内訳が一般的な平均だ。この数字の中に、「さすがに当社はこれよりは営業している」と錯覚してしまう営業活動マジックが隠されている。

内勤以外はすべて外出活動なので、営業マンが外出している時間は、平均三〇〇分であることがわかる。実際には、平均三五分（営業マンのランチ時間は短い。参考までに内勤系の平均は五五分）のランチ時間を加えなければならないので、三三五分間外出していることになる。これは、午前十一時に「いってきます！」と外出して、十六時半頃に「ただいま！」と帰社する計算だ。

これが錯覚を招く第一の理由になっている。社内の人から見ると、「日中はほとんど不在なので、よく営業している」という感覚になるが、実際に〝営業活動〟しているのは、外出時間の三七％に過ぎないのだ。

ピークラスト・インプレッション

第二の錯覚理由としては、人間の習性である〝ピークラスト・インプレッション〟の影響がある。ピークラスト・インプレッションとは、造語好きの私が作った言葉だが、〝例外誇張癖〟とも呼ぶ。

人は、飛び抜けて印象に残ったことか、直前に印象に残ったことが、さも日常の平均値であるかの如く誇張してしまう〝癖〟を持っている。例えば、普段悪いことばかりしている人が、たまたま子供に優しく声を掛けている場面を見てしまうと、「本当は、あの人はいい人なんだ」と考えてしまう。その逆もよくある。また、年間通してあまり目立った活躍をしていなくても、人事評価直前の一か月ぐらい前から、突然誰よりも早く出社し、挨拶も元気でいると、その直近の印象に引っ張られて、年間評価そのものが良くなってしまう、というのもピークラスト・インプレッションの特徴をよく表している。

営業部の最も深刻な病気、〝虚弱体質〟に陥っている事実に、当事者だけでなく周りの人々もなかなか気付かないのだが、その原因も、このピークラスト・インプレッションだ。

毎日でなくても、たまに一日中外に出ている営業マンがいると、「熱心に営業してるな」という印象が残像として残ってしまうからだ。

また、人間はアベレージで自分の能力を評したくない、という本能のようなものもある。私は心理学の専門家ではないので、学問的に言及することができないが、事実として、次のようなことによく出くわす。

ゴルフを楽しむとき、初めて一緒に回る人に「ドライバーの飛距離はどれぐらいですか?」と聞いてみると、「そうだな。二三〇ヤードぐらいかな」という答えが返ってくるのだが、実際の飛距離は、二〇〇ヤード前後、ということがよくある。これなどは、まさしくピークラスト・インプレッションと言ってよく、一番飛んだ時(ピーク)の飛距離をついつい言ってしまう、ということなのだ。

「一日平均三件くらい営業している」の落とし穴

本題の営業に置き換えても同じことが起きる。営業コンサルティングを開始するとき、いろいろなことをヒアリングするのだが、その一つに、「一日平均何件営業していますか?」という確認事項がある。

そのときに、「三件くらいだと思います」と答える人の実際の営業量は、だいたい〝二件以下〟である。「二件くらいだと思います」と答える人は、一・五件にも満たないことが多い。いまの数字は、法人営業の場合の参考事例だ。個人宅営業の場合でも、この数字が増えるだけで、結果は同じだ。例えば、「一日五〇軒ぐらい飛び込みアタックをしています」という答えの実際の営業量は、だいたい〝三〇軒以下〟である。

以上のような本当の平均値で言うことができない癖は、「自分を良く見せたい」という感情もあるのだろうが、ピークラスト・インプレッションという人間の習性が大きく影響しているのは間違いない。

その結果、自分たちの営業部の営業量を実態以上に捉えてしまい、足腰が弱まっていることに気付かなくなるのだ。

もし、本書の読者に、自社の営業部に物足りなさを感じている会社経営者、もしくはそれに準じる人がいるなら、自社の営業部責任者に対して次のような質問を投げかけてほしい。

「なぜ、営業成績が芳しくないのだ？」と。

その答えが、「営業量が少ないことが第一の原因です。反省しています」という内容で返ってきたら、まだ希望を持てる。なぜなら、自覚症状があるからだ。

しかし、残念ながら、「営業量が少ないことが第一の原因です。反省しています」という答えが返ってくることは、滅多にない。大半は、「予算に合わないからです」「市場環境が悪化しているからです」「人員が不足しているからです」という責任転嫁の答えしか返ってこない。そして、どの営業部でも、続く言葉は、「今度こそ頑張ります」という気合のみで、業績未達成に対する分析思考を放棄してしまっている。

このような営業部が、実効値のある手を打てるわけがない。その結果、虚弱体質の状態が長く続き、いずれ他の病気を併発してしまうことになる。

営業フライト時間という概念が営業スタイルを変える

「ただ数を回っても、意味がない。重要なことは、一件でも多く営業することではなく、一件ごとの営業を大切にすることだ。数打ちゃ当たる、というのは知恵のない人間の考えることだ」

営業当事者には、このような考え方の人が多い。また、確かに、こういう発想を言えるほうがかっこ良く見えるので、そう思いたくなる気持ちもわかる。

しかし、現実は、全く違う。数打たず質良い営業ができると考える方が浅はかなことだ。スポーツの世界で、練習せず試合に勝つ、と言っているようなものだからだ。世間は、それほど甘くない。人一倍練習して、初めて他人よりも一歩抜きんでる能力が身に付く、という原理原則は、スポーツのものだけではなく、営業という仕事においても同じなのだ。

つまり、一件でも多く営業するという考え方は、数打ちゃ当たる、という狙いだけではなく、営業能力を着実に身に付けるための練習の積み重ねという狙いもある、ということを忘れてはいけない。数打てば、受注率も下がるだろうが、いろいろな失注を数多く経験することで、営業に必要な能力を幅広く習得するチャンスを得る、ということになり、その経験こそが重要なのだ。

この考え方を受け入れるかどうかは、営業部を健康状態にするための分かれ道と言っても良い。

私は、営業量を最重要視する、という考え方を表現する言葉として、〝営業フライト時間〟という言葉を作り、講演活動やコンサルティング活動で、その重要性を伝えている。

フライトという言葉から誰もが飛行機の飛んでいる状態をイメージすると思うが、私の狙いもそこにある。

二〇〇九年一月一五日午後三時三〇分頃、ニューヨーク発シャーロット経由シアトル行きのUSエアウェイズ1549便が、ハドソン川に不時着し、乗員乗客全員が無事だった。この航空事故は、当時〝Miracle on the Hudson（ハドソン川の奇跡）〟と呼ばれ、全世界にこのニュースが駆け巡った。

事故の経緯は、離陸直後、二つあるエンジンの両方とも停止するという稀なトラブルが発生したのだが、チェズレイ・サレンバーガー（Chesley Sullenberger）機長が、沈着冷静に対応し、ニューヨーク・マンハッタンに隣接するハドソン川に不時着させたのだ。この機長が絶賛されたのは、その操縦テクニックだけではなく、着水後もマニュアル通りに機体後方まで乗客が残っていないか確認し、乗客乗員全員が無事機内を脱出したことを見届けてから、最後に脱出したという、職業上の責任感、倫理観の立派さも対象となっている。沈没した船から真っ先に逃げ出し、多数の乗員を死に至らしめた韓国セウォル号のイ・ジュンソク船長と比べるべくもなく、プロフェッショナルさに溢れていた。

このサレンバーガー機長は、一九七三年アメリカ空軍入隊後、空軍大尉まで務め、一九八〇年退役後、USエアウェイズに入社している。事故当時、フライト歴三〇年以上のベテランであったことに注目してほしい。紙面の都合上、私は機長の事故対応について、大筋の重要ごとを書くだけに止めるが、次の一点を加えておく。機長は、最後に脱出する際に機内の毛布や救命胴衣を回収し、乗客に配るというマニュアル通りの冷静な判断を行うなど、きめ細かな対応まで見事にやり遂げている。事故当時は気温氷点下六度、水温二度という過酷な状況であったので、乗客がいかに助かったか容易に想像がつく。サレンバーガー機長のフライト経験が豊富であったことと、自分の考えや閃きを優先することなくマニュアル通りに冷静沈着に対応したことが、奇跡の結果を生み出したのは間違いない。機長はその後自叙伝を書くのだが、その中に、素晴らしい言葉が述べられている。

「訓練してきたことをやっただけ。自慢も感動もない」

私は、ここにすべての回答があると考えている。営業部を健康状態にするための回答が。それは、常に練習を積み重ねる姿勢だ。

センスや勘の良さよりもはるかに大切なこと

調べたところ、日本におけるパイロットの教育にも同じような考え方がきっちりと取り入れられている。パイロットは、人の命を預かる重要な任務を担っているので、勘やセンスに頼るのではなく、経験量を絶対視している。その証拠に、正機長になるには、定期運送用操縦士の資格取得が絶対条件なのだが、その受験資格として、一五〇〇〇時間以上のフライト時間が義務付けられている。

私は、このフライト時間の義務付けこそが、営業部を健康にさせるヒントと考える。それ故に、営業を経験する時間のことを、〝営業フライト時間〟と名付けた。

正機長の資格を与えるのと同じく、一人前の営業マンを育て上げるためには、営業センスや勘の良さに頼ることなく、全員最低限の営業フライト時間を経験させなければならない。なぜなら、営業センスや勘が良い人は滅多に存在しないということと、経験に裏付けされていないセンスや勘は、当たれば効果は大きいが、外れることも多い、という不安定さを常に内包（ないほう）してしまうからだ。

多くの営業社員を確実に育て上げる手法に、魔法の手法はない。それは、十分な練習を積ませることに尽きる。だからこそ、練習量を絶対視する営業フライト時間の概念が必要となるのだ。

魔法の一万時間

では、どれだけの営業フライト時間が、一人前の営業マンを育てることになるのか？

答えは、一万時間以上だ。

この数字こそ、私の営業コンサルタントとしての経験のすべてと言ってよい。一人前の営業マンの定義を「平均五割以上の確率で失注になる難易度の中レベル以上の営業案件を、経験に裏付けされた着実な手法（その営業部の長年のノウハウをベースとして）で受注できる能力を有した者」とするなら、一日平均二四〇分の営業量を一〇年間積み上げた営業マンが、一人前と言える営業能力を習得することを、私は長年のコンサルティング経験で掴み取った。業種業態は関係ない。この経験量が、ちょうど一万時間に相当する（二四〇分×二五〇日×一〇年＝一万時間）。一〇年と言えば、社会人になって三〇歳前後。ちょうど営業マネジャーへのステップを踏み始める時期に重なる。見事に一般的な認識に一致する。つまり、一人前の営業能力を習得したからこそ、営業マネジャーとしてのステップへの資格を得るのだ。

もし、一日一二〇分の営業量しか積み上げない営業マンだったとしたら、一万時間の営業量を積み上げるのに二〇年掛かる。一人前になる時期が、四〇歳前後ということになる。しかし、それほど待てない営業部は、三〇代になる頃には、営業マネジャーとして用いるようになる。

これが、何を意味するのか。

半人前の営業マンを営業マネジャーにしてしまうことを意味するのだ。未熟な組織運営しかできない営業部の根本原因は、これなのだ。

一人前の営業マンを育て上げるために必要な営業フライト時間は、一万時間が必要だということを講演活動やコンサルティング活動で、よく言及していたのだが、ある社長に、「人の成長には一万時間が必要だ、という本があったと思うよ」と教えてもらった。

早速、調べたところ、カナダのベストセラー作家であるマルコム・グラッドウェル（Malcolm Gladwell）氏が著した『天才！　成功する人々の法則』（講談社）に書かれていた。そこには、一万時間の法則として、「複雑な仕事をうまくこなすためには、最低限の練習量が必要だという考えは、専門家の調査に繰り返し現れる。それどころか専門家たちは、世界に通用する人間に共通する〝Magic Number〟があるという意見で一致している。つまり一万時間である」と書かれている。

ビル・ゲイツ、ビートルズ、モーツァルトという一世を風靡した天才たちも、みな一万時間という練習の積み重ねが、その能力を与えた、という記述など、読んでいるだけでワクワクするほど面白い。

私が、営業コンサルティング経験で掴み取った、いわゆる〝一人前に育つ時間の法則〟は、私だけが発見したのではなく、既に発見され、公表されている周知の事実だったのだ。

営業量が一日平均三〇〇分であれば、一万時間到達まで八年。営業量として及第点である二〇〇分で一二年。逆に、一二〇分であれば、二〇年。いままでの経験の中では、一日平均六〇分未満の営業部もあった。それだと、実に四〇年以上掛かる計算になる。一人前になる前に定年退職になってしまい、笑うに笑えない。そして、実際に、そのような会社は、営業マネジャーも営業プレイヤーも、共有する営業ノウハウをほとんど有しておらず、みな〝自分なり〟に営業に携わっているだけであった。つまり、継承され、脈々と受け継がれるノウハウはない、ということなのだ。このような状態で、人が育つ営業部が運営できる訳がない。これは、深刻な虚弱体質に陥った営業部と言わざるを得ない。本当に、深刻な病気なのだ。

自社営業部の営業フライト時間を調べる

ここまで読み進めた多くの読者のみなさんは、「まさか」「当社はそんなことはない」という感想を持った人が多いのではないだろうか。しかし、健全に二四〇分以上の営業フライト時間が確保されている営業部は、全体の二割もないのが実態だ。大半が、虚弱体質に陥っていると思った方が良い。本文にも書いたが、営業マン、つまり、当事者たちに確認しても意味がない。なぜなら、ピークラスト・インプレッションにより、正確な事実を報告することはないからだ。

したがって、まだ信じられない方々のために、または、信じるからこそ事実を知りたい方々のために営業フライト時間の調査方法を解説したい。

調査要領は次の通りだ。

- 調査対象……営業社員全員（プレイングマネジャー含む）
- 調査ポイント……一人一日当たりの平均営業フライト時間
- 調査期間……一か月
- 調査方法……営業フライト時間調査書を用いる（38頁参照）

補足説明をする。

専任マネジャーは調査対象外だが、自分の目標も持っている〝プレイングマネジャー〟は、調査対象とする。

次に、営業フライト時間の定義について説明したい。

原則としては、新規開拓（opportunity finding、または、アタックやアプローチと呼ぶ会社も多い）と案件商談（negotiation）に関係する営業行為に携わっている時間を〝営業フライト時間〟と定義付ける。例えば、受注後の納品のための打ち合わせ、既存顧客に対するクレーム対応による訪問などは、この営業フライト時間には入らない。つまり、既に売り上げが計上されていたり、確定していたりするものは対象外となり、その営業の結果、新たな売り上げが計上される可能性のある営業行為が、営業フライト時間となる。既にお気付きの方も多いと思うが、〝営業量〟という言葉も営業フライト時間と同義語である。

私は、営業コンサルティングの実務で、必ず、この営業フライト時間を調査する。その調査期間は、記載の通り一か月を基本とするのだが、調査結果を見て愕然とする経営者や営業幹部に、よく次のような感想を聞かされる。「調査した時期がたまたま営業量が少ない時期なのです」「一か月の調査だけで営業部の真実が出るとは到底思えない」などだ。

悪い結果に対して、言い訳が先に出ること、及び、専門家の経験則を信じることができない考え方そのものが、営業部を病気にさせる深刻な原因の一つと言えるのだが、それについて指摘しても理解されないことが大半なので、そのような場合、更に一か月調査を繰り返す。結果は、ほぼ同じだ。大半は、一か月も調べれば、実態がわかる。

調査方法は、図①（38頁）の簡易バージョンの営業フライト時間調査書を参照してほしい。

自社の営業フライト時間を正確に摑み取る行為は、健康診断の第一歩と考えていただきたい。自社の営業部の足が満足に動いておらず、虚弱体質に陥り、多様な病気を併発しやすい状況かどうかを知らずして、営業部の更なる成長はない。そのためには、図①を参考にして、営業フライト時間を調査することをお勧めする。

業績不安定な営業マンの時間の使い方

なお、図①は、営業フライト時間を調査するためだけの最低限の簡易バージョンである。実際の営業コンサルティング現場では、営業フライト時間のみの調査を行うことはない。各社の営業活動スタイルを分析し、活動内容の項目は、その営業活動スタイルを反映した形で三〇~四〇項目に区分し、営業フライトの詳細内訳（新規開拓に費やした所要時間、案件商談に費やした所要時間、等）、その他外出の詳細内訳（受注後の打ち合わせに費やした所要時間、既存取引先のクレーム対応に費やした所要時間、等）、内勤活動の詳細内訳（メールチェックやメール作成に費やした所要時間、会議に費やした所要時間、提案書作成に費やした所要時間、見積書作成に費やした所要時間、その他デスクワークに費やした所要時間、等）

図①　営業フライト時間調査書

営業担当氏名

調査日
00/00/00

	活動内容	開始時刻		終了時刻	所要時間	分換算
1	③内勤活動	09：00	～	10：00	01：00	
2	④移動	10：00	～	11：00	01：00	
3	①営業フライト活動	11：00	～	12：00	01：00	60分
4	④移動	12：00	～	12：30	00：30	
5	⑤食事・休憩	12：30	～	13：00	00：30	
6	①営業フライト活動	13：00	～	13：50	00：50	50分
7	④移動	13：50	～	14：30	00：40	
8	②その他外出活動	14：30	～	16：00	01：30	
9	④移動	16：00	～	16：10	00：10	
10	①営業フライト活動	16：10	～	17：30	01：20	80分
11	④移動	17：30	～	18：00	00：30	
12	③内勤活動	18：00	～	19：40	01：40	
13			～			
14			～			
15			～			
16			～			
17			～			
18			～			
19			～			
20			～			
21			～			
22			～			
23			～			
24			～			
25			～			
26			～			
27			～			
28			～			
29			～			
30			～			
				営業フライト活動計		190分

①営業フライト活動
②その他外出活動
③内勤活動
④移動
⑤食事・休憩
⑥その他

営業フライト時間調査書の説明

エクセル表で右図の通りレイアウトを作成する。

＊活動内容を右図の通り、6項目に分類し、
エクセルの「データの入力規制」機能を使い、
リスト選択できるように準備する。

＊活動内容ごとに開始時刻と終了時刻を入力すると、
所要時間が自動計算されるように該当セルに
関数（右図の場合・=IF(E7-C7=0,"",E7-C7)）を入れ、
所要時間列の全セルにコピーする。
※活動内容の最初の行を7行目、開始時刻をC、終了時刻をEとした場合
※時刻表示にならない場合は、セルの書式設定の機能で「時刻」を選択
してください

＊分換算の列は、営業フライト活動の所要時間のみを分換算で
自動計算されるように該当セルに関数（右図の場合・
=IF(B7=" ①営業フライト活動 ",HOUR(F7)*60+
MINUTE(F7),""））を入れておく（同様に全セルにコピー）。
なお、右図では計算結果の数値に〝分〟の文字が
自動表示されるように、セルの書式設定でユーザー定義を
選択し、「0"分"」と設定している。

＊営業フライト活動計のセルにSum関数を入れておけば、
営業フライト活動の一日合計の所要時間（分換算）が
自動計算される。

＊エクセルのsheet機能を使い、一日1sheetとして、1か月の
日数分のsheetを事前に準備しておく（sheet名を1から31
までの数字にすれば、何日のsheetか分かりやすい）。

＊集計sheetに営業フライト活動計の結果数値を串刺しで平均
関数を使えば、営業マンの一日平均営業フライト時間がわかる。

＊調査対象となる全営業社員（プレイングマネジャー含む）が、
営業フライト時間調査書を完成させれば、営業部全体の
一人当たりの一日平均営業フライト時間がわかる。
なお、全体平均だけではなく、課別、チーム別等、平均比較を
行えば、より具体的な営業実態が浮き彫りになる。

以上、エクセル関数の知識を持つ社員がいれば、
簡単に作成できる。

など、細かく分析する。

そうすることで、各営業マンの時間の使い方の癖や傾向を分析し、個別に指導することが可能になるのだ。

よくあるパターンは、案件がなかなか増えず業績が不安定な営業マンに多いのだが、新規開拓に費やす絶対量が少ないにもかかわらず、受注後の打ち合わせでの外出比重が高いため、本人は営業活動をしている〝気〟になっていることだ。営業マネジャーも「あいつはよく動いている」という感覚でいるため、誰も営業フライト時間の少なさに気付かない。その結果、虚弱体質に陥っている自覚がなく、いろいろな病気が進行し、気が付いたときには、既に手遅れ、ということがよくある。

営業フライト時間調査を切り口として、健康診断の第一歩に踏み出すことをお勧めする。

成長したくない営業マンたち

営業フライト時間を調査すると、営業フライト時間の一日平均が一二〇分、移動時間の一日平均が一二〇分、会議、デスクワーク等内勤時間の一日平均が三〇〇分、という比率に出会うことがよくある（ここでは、その他外出や食事・休憩を省略している）。移動効率が悪く、内勤比重が高すぎる典型例なのだが、当事者たちのほとんどは、自分はよく頑張っている、という感覚に陥っている。実際に、営業フライト時間を二倍化の二四〇分、移動時間を一五〇分、デスクワークを一五〇分の活動比率に体質改善することを要望すると、十中八九、「無理です」という返事が返ってくる。「営業フライト時間を二倍化した分、残業時間が増えるだけです」という言葉を添えて。

営業コンサルティング活動で確信を得た人間の習性というものがある。それは、「人間という動物は、とんでもなく保守的」ということだ。自分たちの行動に変更や修正すべきところはない、という考え方が、典型的な保守思考なのだが、あまりの多さに最初は戸惑いすら生じた。いいことか悪いことかは別にして、いまは慣れてしまったが、新しいことにチャレンジすることなく、自分たちの正当性を主張してしまうのが、どうやら一般的だということが判明している。

読者のみなさんにはっきりと伝えたいことがある。営業フライト時間の増加量が一二〇分程度であれば、その分、残業時間が延びることは、ほとんどない。つまり、一日平均の勤務時間が一〇時間の営業マンが、一二時間に増えることはなく、結果的に、一〇時間の勤務時間が変わることはないのだ。もちろん、改革当初は、慣れないことも多いので手間取ることも出てくる。その分、勤務時間が増えることはある。しかし、すぐに慣れ、内勤作業速度が速くなったり、効率性を工夫するようになったり、事務スタッフと連携を取るようになったりして、全体の勤務時間が増えることはないのだ。

言い換えれば、毎日三〇〇分も内勤していると言っても、実際には、三〇〇分に相当する仕事量がないにもかかわらず、ダラダラと内勤業務をこなしている（本人たちは絶対に認めないが）、というのが実態に近いということだ。

足腰が弱い営業部は、万病に繫がる虚弱体質に陥っていることをもっと自覚しなければならない。営業フライト時間が少ない正当性や言い訳を主張しても、何も変わらない。私の眼には、〝成長したくない営業マンたち〟としか映らない。

是非とも、営業フライト時間を適正値（少なくとも二〇〇分、できれば二四〇分）に設定して、まずは量ありきで活動プロセス目標を設定してほしい。

一人前の営業マンの恩恵

練習せずして試合に勝てないように、一万時間以上の営業フライト時間を経験せずして一人前の営業マンにはなれない、ということは、既に書いた。

一人前の営業能力を習得すると、次の二種類のステップが射程距離に入る。

ひとつは、営業マネジャーになるための準備ステップだ。「営業マネジャーになるために必要なこと」については、本書のテーマではないので省くが、一人前の営業能力を習得せずして、本来、営業マネジャーになれるわけがない。なぜなら、部下に対して、充分な営業技術を指導することができないからだ。そのような能力もない人間を営業マネジャーにしてしまうと、結果管理しかできない営業マネジャーを粗製乱造してしまう、という不幸を招くだけになる。結果管理など事務課長でもできる仕事であり、営業マネジャーに求められる能力は、部下の営業能力では対応できない案件に対する適切な指導、部下の案件を増やすための適切な指導などにより、部下の営業技術を磨くことにある。営業会議で、「目標達成まで、一〇%足らない。あと三日で何とかしろ!」という結果管理しかできない営業マネジャーは、マネジャーとして失格と言っていいのだが、このことに鋭いメスを入れている営業部は、残念ながら少ない。

もうひとつのステップは、一人前の営業能力を習得したことによる応用力向上への挑戦である。

人間の歴史は、誰かが考え出したノウハウを模倣することにより、いままで手間取っていたり、失敗したりしていたことを乗り越え、更に難易度の高いことに挑戦していく、ということの繰り返しと言ってよい。

よく喩えられることに、フグの話がある。フグの肝臓に猛毒があるということは、見た目では誰もわからない。誰かがトライし、フグの肝臓には猛毒があるので食べてはいけない、というノウハウ（知識と言ってもよい）を受け継ぐことにより、私たちは、フグの肝臓を食べて死ぬことがなくなったのだ。もし、人間に、誰かが考え出したノウハウを模倣する知恵がなかったら、いまでも毎年、フグの肝臓を食べて死ぬ人が続出してしまう。しかし、実際にはそのようなことはない。

これをノウハウの継承という。

営業部は、実は、このノウハウの継承を軽視する傾向にある。自分の頭で考えることを重要視する傾向が強いので、他人のノウハウを徹底的に真似する、ということが強く指導されないのだ。そのような状況下、営業フライト時間の絶対量が少なく、浅い経験量で活動している営業マンが多い。その結果、多くの営業マンの頭の中は、スカスカの知識カードしかなく、応用力が乏しくならざるを得ない。応用力とは、〇から一を生み出す創造力と違い、一から二を生み出すものなので、〝一〟そのものを豊富に持っていない限り、適切な〝二〟を生み出すことなどできるはずがない。

一万時間以上の営業フライト時間を経験すると、必然的に、多様なバリエーションを経験することになる。経験量が多い分、失敗体験も多くなるが、何度も失敗を繰り返す度に、自分の頭だけで考えることの限界と他人の動きや考え方を参考にすることの重要性がわかるようになってくる。

そのような経験を積んだ営業マンは、数多くの〝一〟を習得している。したがって、確かな〝二〟を考え出したり、作り出したりすることができる。一人前の営業マンが生み出した

〝二〟も貪欲に学べば、いままで難しいと感じていた難易度の高い新規開拓や案件商談が簡単にクリアできるようになってくる。

営業部という組織は、応用力のある一人前の営業マンが多く存在すればするほど、ノウハウが溜まりやすくなる。一〇名の組織で一五名分の仕事をする。例えば、そのようなプラスアルファのことが組織でできるようになるのも、一人前の営業マン次第なのだ。

さて、ここで一つ疑問が浮かぶ人が多いだろう。「一万時間の大切さは分かった。しかし、いますぐに一万時間に届かない。それまでの間、どのようにカバーすれば良いのだ」と。そこで重要になるのは、〝社内リソース活用力〟という営業能力だ。これは、内向きの営業能力と言われるもので、営業マネジャーや先輩たちを上手く活用する能力だ。例えば、自分の実力ではクロージングが難しい案件は、営業マネジャーに同席してもらうように依頼する。どうしても訴求力のある提案書を用意したい場合は、社内の優秀な人（他部署でも良い）に依頼する。このように、社内のリソースを最大限に活用することで、能力不足をカバーするのも立派な能力だ。

〝量より質〟ではなく、〝まずは量〟

営業マンの成長に理想的なステップ手順があるとするなら、私の経験で言えば、遅くても一二年（一日二〇〇分）、早ければ八年（一日三〇〇分）というのが、目指すべき目安であろう。業種業態は関係ない。実際に、一人当たり一日の営業フライト時間が二〇〇分を下回っている営業部は、問題や課題が多い。また、一人当たり一日の営業フライト時間が三〇〇分を上回っている営業部には、まだ巡り合ってない。つまり、三〇〇分が、いわゆる限界点ということを実感する。

なお、営業フライト時間を調査すると、現実的には、一二〇分以下の営業部が多い。私の経験から、そのように断定できる。

営業コンサルティング現場では、一二〇分未満の営業フライト時間に対しては、〝レッドゾーン（red zone）〟の営業部と称して、警鐘を発している。営業マネジャーも半人前のまま営業マネジャーに就いた人が多いので、営業マネジメントそのものもデタラメなことが多い。しかし、人が持つ自分を正当化したい癖というのは、半人前の人のほうが強烈だ。数多く経験を積んできた人は、それだけ成功体験も多いので、そこまで見栄を張る必要がないのかもしれない。どちらにしても、営業改革の成功まで紆余曲折が多いのは、このレッドゾーンの営業部であることは確かなことだ。

レッドゾーンの中でも、六〇分未満の営業部に稀に出会うことがある。この営業部は、特に、改革成功までの道のりは長い。

参考までに、ゾーン分類に言及すると、一二〇分以上二〇〇分未満をイエローゾーン（yellow zone）としている。警告するほどでもないが、組織力も営業能力も中途半端という場合が多い。また、二〇〇分以上をグリーンゾーン（green zone）と呼び、最適値領域としている。

イエローゾーン、レッドゾーンの営業部を改革するには

レッドゾーンであろうと、イエローゾーンであろうと、営業部の病気を早く治さなければ

ならないことに変わりはない。

営業部を生まれ変わらせるための第一歩として、イエローゾーンの営業部は、営業フライト時間を二四〇分に設定することから始める。レッドゾーンの営業部は、一二〇分アップの営業フライト時間設定から始める。例えば、営業フライト時間が五四分平均の営業部は、一七四分が当初の営業フライト時間目標ということになる。

この改革初期の段階で、「量を増やすことに何の意味があるのか？」と疑問を呈する人々が出てくることもあるだろうが、重要なことは、そのような声に一切耳を傾けないことだ。一万時間以上の経験量に勝るものなし、という強い信念で取り組んでいただきたい。

次に、最初に設定した営業フライト時間目標の半年間連続達成を目指す。営業部として半年間連続達成を行うことができたら、営業マンたちの営業能力に変化が生じてくる。いままで進捗しなかったレベルの案件が少しずつだが進捗するようになってくる実感が湧いてくるはずだ。それ以上に、案件数そのものが増えてきていることだろう。

そして、ここが重要ポイントになるが、半年間連続達成ができるまでは、ただひたすら営業量のみを追い掛けることだ。「二四〇分達成したとしても、その中身が悪ければ、意味がない。それよりは、中身が良い一八〇分のほうがいいだろう」という言い訳を並べて、二四〇分を達成しようとしない営業マンや営業チームが必ず出現する。これも一切無視すること だ。なぜなら、〝中身が良い〟営業をするためには、まず、一万時間の営業経験が必要だからだ。

ところが、意外にこの〝言い訳〟言葉は支持されやすい。〝量より質〟という考え方が浸透してしまっていることが大きい。営業部が健康状態になるかどうかの分かれ道は、〝まずは量〟という考え方の軸がぶれるかどうかにかかっている。この軸がぶれる営業部は、なかなか健康を取り戻せない。

研修の成果が出ない本当の理由

営業マンたちに、数多くの研修や勉強会を実施しても、なかなか成果が出ない、ということで悩んでいる営業マネジャーは多いだろう。「研修のやり方が間違っているのではないか」「教える人を変えなければならないか」「研修の中身が役立たない内容になっているのだろうか」「教育の前に、マインド改革が先ではないか」等々、考えれば考えるほど悩みは深くなっていく。

私は、営業コンサルティング事業を通して、この本当の理由がわかった。

答えは、どれだけ教えても、実践で使う機会が少なければ意味がないからなのだ。実践で使わないと、せっかく覚えたこともすぐに劣化してしまう。これを知識劣化というが、まさしく、営業量の少なさは、案件が増えないということだけでなく、知識劣化という悪影響を与えていることにもなる。

図②（52頁）を用いて説明する。研修の成果が実践で結びついてほしいなら、まずは半年間連続で営業フライト時間目標を達成し、体力アップに努めることだ（ステップ１）。

そのような状態になれば、多くの商談時間が確保されることになり、研修で覚えたことを実践で試す機会が多くなる。このような環境を整えることなく研修を繰り返しても営業マンの能力は向上しない。なぜなら、営業マンたちが研修で習うことは、使わなければ腐ってしまう実践的なノウハウが多いからだ。営業量が少ない状態でどれだけ研修しても、糠（ぬか）に釘を打っているようなものだ。成果が出るはずがない。

図②　営業部組織力強化ステップ

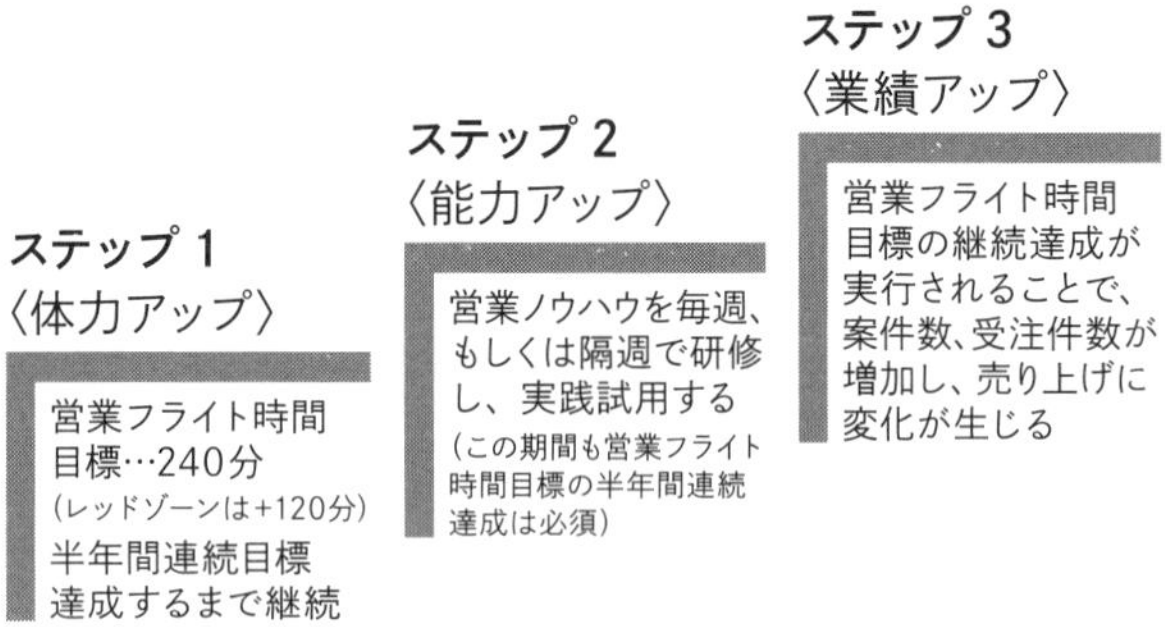

ステップ1
〈体力アップ〉
営業フライト時間
目標…240分
(レッドゾーンは+120分)
半年間連続目標
達成するまで継続

ステップ2
〈能力アップ〉
営業ノウハウを毎週、
もしくは隔週で研修
し、実践試用する
(この期間も営業フライト
時間目標の半年間連続
達成は必須)

ステップ3
〈業績アップ〉
営業フライト時間
目標の継続達成が
実行されることで、
案件数、受注件数が
増加し、売り上げに
変化が生じる

繰り返すが、半年間連続で営業フライト時間目標を達成するまで、ひたすら営業量のみを追い掛けることが鍵を握る。

達成したら、いよいよ営業能力の強化プログラムに移って良い（ステップ2）。各社営業部がいままで継承してきた営業ノウハウを整理し、毎週、もしくは隔週単位で、整理した営業ノウハウの勉強会や研修会を開く。会社の規模によって、開催方法や開催単位は違うだろうが、開催時間は、各回九〇分以内を心掛けること。一度にいろいろなことを詰め込んでも役立たないからだ。このように必要な営業ノウハウを小出しにして、着実に実践試用することでマスターしていく手法が極めて重要になる。

なお、ステップ1の段階で営業マネジメント側が準備しておくべきことが一つある。それは、教えるべき営業ノウハウの整理だ。スムーズにステップ2に移るための大切なチームワークと言える。

注意点として、営業研修のステップに移っても、営業フライト時間目標を達成しなくなったら、再び、営業量のみを追い掛けることに専念する厳しさが必要となる。また、レッドゾーンだった営業部は、ステップ2では営業量の目標を二四〇分に再設定しておくことを忘れてはいけない。

以上のようなステップを着実に踏むことができたら、間違いなく営業量が高いレベルで安定し、営業能力も強化されてくる。そのような状態になって、初めて営業部という組織が強くなっているはずだ。具体的に言えば、次の一年間（ステップ3）は、案件数が増加し、いままでは受注できなかった難易度の高い案件も徐々に受注できるようになってくる。結果的に、業績アップに繋がる。営業コンサルティング経験で言えば、ステップ1、2、3のすべてが上手く進捗すれば、営業改革前に比べて、売り上げは、一・三〜一・七倍になる。

営業量が二倍化し、営業能力も強化されて、なぜ売り上げが二倍以上にならないのか、と指摘されることもあるが、営業はそれほど単純ではない。営業量が二倍化することにより増える案件の中には、いままで案件にするチャンスすらなかった難易度の高い案件が多く含まれることになる。つまり、営業量が少ない時代は、誰でも受注できる案件を受注してきただけのことなのだ。

したがって、健全に案件数が増えるということは、その分、受注数は増えるが、受注率は低くなる。それが、売り上げが営業量に単純比例しない理由だ。

各章ごとに、営業部が抱えるいろいろな病状が出てくるが、そのほとんどの原因は、営業量が少ないことによる虚弱体質だということを忘れてはならない。この万病のもとを解決すれば、営業部は健康を取り戻す。

第2章

Karte.2

風評妄信、という病

営業部を停滞させる
6つの思い込み

とても怖いノシーボ効果

「病は気から」という言葉がある。

それを立証する言葉として、〝プラシーボ効果〟がよく引き合いに出される。プラシーボ効果とは、偽薬を処方しても、それを薬だと信じて飲めば何らかの改善が見られることを言う。その逆に、〝ノシーボ効果〟という言葉がある。偽薬によって副作用をもたらし、生体に不都合な作用が起こることを言う。

実は、営業部の大半が、ノシーボ効果に罹っており、とても怖い副作用をいっぱいもらっていることが判明している。

どのような副作用かと言うと、ウソを信じることで営業部が強くならないという恐ろしいものだ。営業コンサルティングにおいては、〝風評妄信〟という言葉を用いて処方することにしている。

この風評妄信の影響力は絶大で、営業コンサルティングの現場でも、本書で紹介する代表的な六つの風評妄信について指導するのだが、この病気を取り除くことがなかなかできない。

営業部の健康を取り戻すためには、避けて通れない難関と言える。

代表的な六つの風評妄信は、次の通りだ。細かな風評妄信も含めれば、もっと多くあるが、本書では、これら代表的なものに絞って説明していきたい。

Ⅰ　営業現場が営業マンを育てる、というウソ
Ⅱ　営業は自分自身を売り込め、というウソ
Ⅲ　量より質、というウソ
Ⅳ　明るい人間が営業向き、というウソ
Ⅴ　営業マニュアルは営業現場で役に立たない、というウソ
Ⅵ　企画書・提案書作りが営業能力を鍛える、という真っ赤なウソ

みなさんは、いくつの風評妄信に罹っているだろうか。

〝量より質〟の風評妄信は、第１章で取り上げたので、ここではあまり説明しないが、それ

以外は、どうだろうか。これら代表的な風評妄信は、営業部に相当な被害を実際にもたらしているると考えてよい。ノシーボ効果から逃れるのは、大変難しいことだが、ぜひとも逃れてもらいたい。

風評妄信Ⅰ

営業現場が営業マンを育てる、というウソ

軽視される営業研修

平均一週間、平均二回、平均三か月目。

この数字は、営業組織の人材育成がいかに間違っているか、ということを示すものだ。

平均一週間とは、営業職で中途入社した社員が研修を受ける平均期間を表している。〝平均〟ということは、三日の会社もあれば、二週間の会社もあるということだが、たとえ二週間であっても、短かすぎて褒められたものではない。

この数字は、研修という座学を軽視している、という実情を端的に示している。なお、新卒社員に対しては、最低でも、ゴールデンウィークが過ぎるまでの一か月以上は研修を行う企業が多いが、それは、社会人としてのマナー研修などが多分に含まれており、営業に特化

した研修となると、中途採用者の研修と中身はさほど変わらない。

次に、平均二回とは、ロールプレイング（以下、ロープレ）、つまり模擬練習の平均回数を示している。二回ほどのロープレを行って、いきなり現場に出すということだ。中には、全くロープレを実施しない営業部も少なくない。

三つ目の平均三か月目とは、営業社員にノルマが課せられるタイミングだ。営業社員ほど、粗製乱造という言葉が似合う職種はない。また、平均二回と平均三か月目に関しては、新卒社員もさほど変わらない。中途入社組は翌月からノルマという会社も少なくない。

このように営業社員を雑に扱う理由は、「営業現場が営業マンを育てる」という幻想をほとんどの営業関係者が信じ込んでいるからだ。ある意味、悪気がある訳ではないとも言える。

本当に「営業現場が営業マンを育てる」のであれば、営業社員の伸び悩みにストレスを感じる営業関係者や経営者は、この世の中に存在しないのではないだろうか。なぜなら、大半の営業マンは、真面目に営業現場に足を運んでいるからだ（営業量の問題はあるが）。この事実を取り上げるだけでも、「営業現場が営業マンを育てる」というのは、幻想に過ぎないことがわかるだろう。

では、営業マンは、どのようにすれば育つのか。それを知ることで、この風評妄信から逃れることができる。

人工知能「アルファ碁」の衝撃

営業現場が営業マンを育てる、というウソを、なぜ信じてしまうのか。

それは、成長に対する考え方が、人によってバラバラだからだ。

では、なぜバラバラなのか。

それは、成長という概念が、漠然としているからだ。

禅問答のような文章を書いたが、私は、これらの文章が風評妄信を招いてしまう原因だと確信している。したがって、解決策としては、成長の定義を明確化することにある。

成長という概念を定義するにあたり、とても参考になる事件が起きた。

二〇一六年三月九日～一五日、韓国で注目の囲碁大会が開かれた。コンピュータ（人工知能）対人間の対決だったからだ。人工知能側は、「アルファ碁」という人工知能囲碁ソフト、対する人間側は、世界トップクラスの実力者であるイ・セドル九段。前評判としては、既に雌雄決しているチェスや将棋と違って、一回の対局で考えられる局面の数が桁違いに多い囲碁に人工知能が勝つには、まだ一〇年ほど掛かる、というのが一般的だった。参考までに、局面の数は、チェスが「十の百二十乗通り」、将棋が「十の二百二十乗通り」に比べ、囲碁は「十の三百六十乗通り」の組み合わせとなる。

ところが、世界に衝撃のニュースが走った。「アルファ碁」が四勝一敗で勝ち越したのだ。

その結果、注目を浴びたのが、二〇一四年にグーグルが買収したディープ・マインド社の〝ディープラーニング（深層技術）〟という新技術だ。

このディープラーニングこそ、人工知能を〝成長〟させた張本人である。人工知能が、何となく成長した、ということはない。私は、ディープラーニングの成長定義を研究すれば、人間の成長定義に行きつくのではないかと考え、この新技術を勉強した。そして、その想定は正しかった。

「人間の知能がプログラムで実現できないはずがない」

これは、人工知能の第一人者である松尾豊東京大学准教授が、自著『人工知能は人間を超

える か』(KADOKAWA)で語っている言葉だ。
まず、営業コンサルティング現場での結果からも確証を得ている〝成長の定義〟を解説したい。

成長の定義

成長の定義を一言で表現すると、「いままでできなかったことが、できるようになること」となる。成長について講演や指導をするときは、この考え方を必ず伝える。そして、次のように質問する。「いままでできなかったことが、できるようになるためには、何が必要なのか?」

この答えこそが、成長を理解する根本であり、どのように実践すればよいのか、ということを教えてくれる。

さて、その答えを図③(64頁)を用いて説明する。

成長するためには、三つの作業に取り組まなければならない。逆に言えば、成長できない

図③ 「成長」とは何か

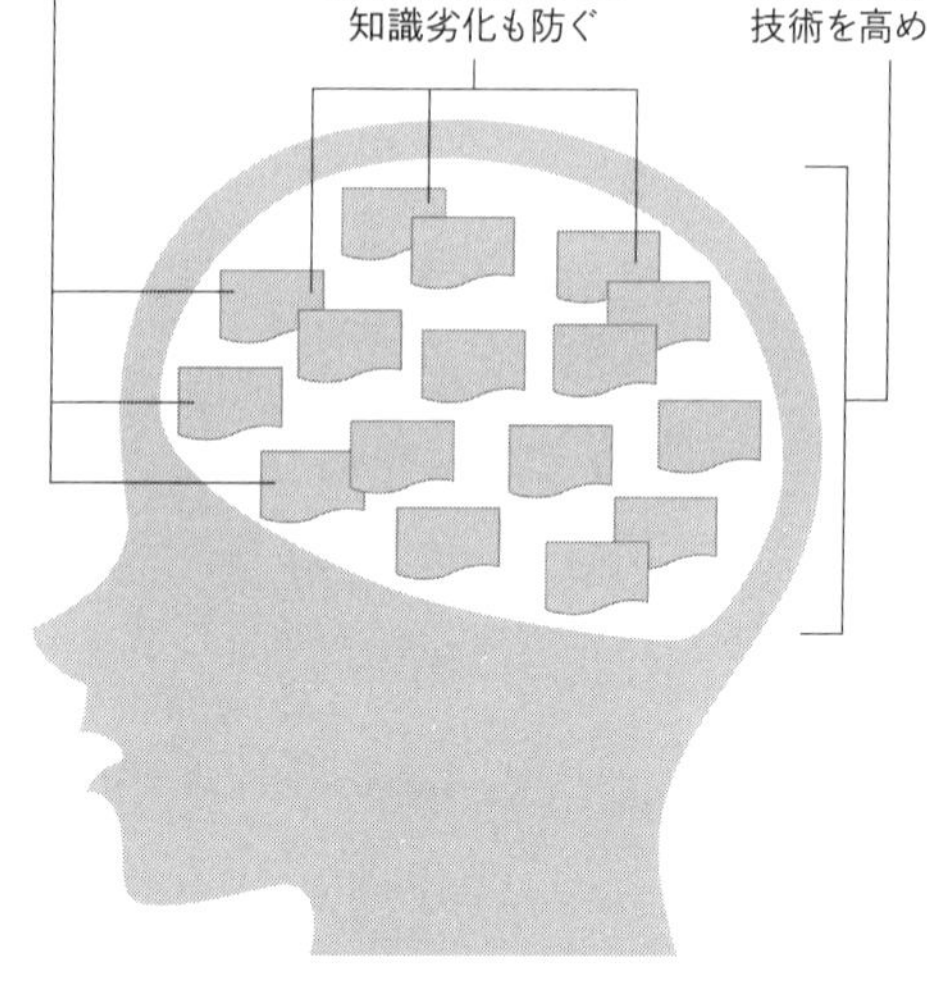
知識量増大
記憶作業
記憶
知識を
数多く覚える
検索力強化
経験作業
経験
知識を使い込む
ことで知識の
適正な使い方
(検索方法)を学び、
知識劣化も防ぐ
特徴量高次化
応用作業
応用
的確な判断を
行うための知識の
組み合わせ
(知識の四則計算)
技術を高めていく

人は、どれかの作業を実行しない人であり、最もダメな人は、すべての作業を実行しない人となる。

一つ目の作業として、「記憶作業」がある。会社の商品知識は当たり前として、営業中にバッティングしやすい同業他社の商品知識、業界全般の知識、市場環境のアップデート知識、営業先の会社に関する知識、先輩や上司に教わった営業ノウハウ、営業部が経験してきた成功例と失敗例、等々、書き出したらキリがないが、会社の売り上げを支える営業マンが覚えなければならないことは多い。

営業マンの能力差が付く最大の原因は、単純にも、この知識量の差であり、平均値ほどの知識しか覚えていなければ、平均的な成績しか残せないのは当たり前のことである。如何に他人よりも多くの知識を覚え込むか、という姿勢が重要となる。例えば、新しい商品パンフレットが出来上がってきた時、ただ営業カバンに詰め込むだけの営業マンと、その日にパンフレットに書かれていることを覚え込む営業マンを比較したら、どちらの営業マンのほうが成長しやすいか、というのは誰もがわかることである。

二つ目の作業として、「経験作業」がある。営業量の重要性と密接に絡むところだが、人間の頭は人工知能と違って、一度覚えたら忘れない、ということはない。どんどん忘れていく。私は、これを〝知識劣化〟と呼んでいるのだが、営業という仕事も、この知識劣化との戦いと言ってよい。知識劣化を防止する方法は、覚えた知識を使い込む経験を継続すること以外にない。

例えば、次のようなことをイメージしてほしい。

営業マンAと営業マンBは、新卒社員として営業研修で習ったことをほぼ完璧に覚えた。しかし、営業現場に出てからの二人の営業量は全く正反対だった。営業マンAの営業量は、一日平均二四〇分。営業マンBの営業量は、一日平均六〇分。その状態が一年間続いた。

さて、新卒時に習った営業知識の知識劣化は、どちらが激しいだろうか？

営業マンBの知識劣化のほうが激しい。その理由は、せっかく覚えたことも、使わなければ忘れるからだ。しかし、現実の営業マンや営業マネジャーは、こんな簡単な理屈も自覚していない。その結果、営業量を重要視する考えに至らなくなる。「一件の商談を丁寧に当たれば、ただ数打つ営業をしなくてもよい」「営業マンたちが、日々残業で忙しいほど事務作業することが多いのに、どこに営業する時間の余地が残っているのだ」という主張を、仕事柄、頻繁に耳にするが、それは、知識劣化の怖さを知らないからとしか言いようがない。

知識を使い込む目的は、もう一つある。それは、検索力の強化だ。同じ知識量の営業マンが二人いたとしても、その局面に適正な知識を検索するかどうかで、商談が進むかどうかの分岐点になることがよくある。どのようなときに、どの知識を使うのが適正なのか、こればかりは、成功や失敗を重ねる経験を積む以外に検索力は強化されない。

三つ目の作業として、「応用作業」がある。覚えた知識だけで、営業のあらゆる場面に対応できるほど、この仕事は楽ではない。実際には、全く同じ場面に出会うことはない。また、お客様の質問が全く同じ言葉だったとしても、状況に応じて返答を使い分けないといけないこともある。つまり、現実の営業現場は、常に応用の連続だと言っても過言ではない。

では、応用とは何か。

応用をゼロ（無）から一を生み出す〝創造〟と錯覚している人が多いが、それは間違っている。

応用とは、一から二を作り出すことを指す。創造であれば、ゼロからの閃きなので、知識量に頼る必要はないのだが、応用は一から、というのが重要なところだ。決して閃くのではなく、いろいろな一、つまり、いろいろな知識を組み合わせて二を作り出すのだ。もっと具体的に言うと、いま何らかの判断の選択をしなければならないときに、最適な判断を行うに足る最適の知識をいくつか検索し、並べ、それらを掛けたり、割ったり、足したり、引いたり、知識の四則計算を行うことで、人は〝二〟という未知の対応を行う。この行為を〝応用〟と呼ぶ。

したがって、応用をするためには、知識がスカスカの頭ではダメなのだ。検索する知識そのものが的外れなものが多く、それらの知識を如何に四則計算したところで、更に的外れな答えを作り出すだけなのは、容易にイメージできるだろう。しかも、応用力は一朝一夕では身に付かない。何度も繰り返して四則計算の技術を積み上げなければ、的を射た判断力を得ることはできない。

以上が、成長に必要な三つの作業となる。そして、新たな知識を加えるたびに、「記憶➡経験➡応用」を繰り返し、人は益々成長していく。

「勘ピュータ」が成長のスパイス

さて、人工知能の話に戻るが、人工知能は、元々「記憶」の部分は、はじめから人間を超えていた。それに、知識（コンピュータではデータという）劣化も心配する必要はなかった。覚えたことは、永久に記憶しているからだ。そして、スーパーコンピュータに代表されるCPU（中央演算処理装置）の日進月歩の進歩により、「記憶」したことを使い込む「経験」の深さも人間に負けないレベルに達した。

しかし、知識（データ）を組み合わせ、二（経験値のない新たなこと）を判断する応用の機能が人工知能は不得意とされてきた。専門用語で「特徴量の高次化」というのだが、人間は、ものごとの特徴表現の獲得能力が非常に優れている。それは、人間の脳は、コンピュータの演算処理では対応できないほどの特徴量を処理できる能力を有しているからだ。

従来の人工知能は、知識（データ）劣化がないので、知識（データ）を引き出す検索力は強いのだが、経験値のない新たな判断を導き出すために必要な知識（データ）をどのように組み合わせればよいか、ということを自らができなかった。したがって、人間がそれらの情報をインプットしていた。

人間の脳は、実に複雑にできており、応用を行うための知識検索において、一見関係ないように思える知識（コンピュータでいうノイズデータ）を四則計算に混ぜ合わせることができる。この作業を無意識の中で瞬時に行う。このことを〝勘〟、もしくは、〝気まぐれ〟と表現してもよいが、人間がコンピュータに検索条件をインプットする段階で、無意識の勘を組み合わせることができるはずもなく、それが人工知能の限界であった。それが、高次元の応用を必要とする囲碁で人工知能が人間に勝つのは、まだ一〇年早いと言われていた所以だ。

少し専門的な言葉が入り難しい文章になったが、要するに、高次元の応用を行うためには、その判断（囲碁でいうと次の一手）を行うにあたり、必要とする〝特徴〟を捉えなければならず、勘や気まぐれといったノイズ知識（データ）を上手く混ぜることができたときに、最適な特徴表現を獲得できるということなのだ。

つまり、応用力の優れた人は、ただ知識量が多いだけではなく、特徴表現の獲得能力（洞察力に似ている）も高いということだ。

では、人工知能「アルファ碁」がなぜ勝ったのか。

ディープラーニングという技術が導入されたからだ。ディープラーニングとは、人間の手を借りずにコンピュータ自らが検索及び組み合わせ条件を選択できる技術をベースに、ノイズデータを何万、何十万通りにも混ぜ合わせ、考えられ得る〝次の一手〟をすべて演算処理する経験を積み上げることで（まさしく、ディープラーニング、深い学習）、〝勘〟の漏れをなくす、ということになる。

この概念は、人の成長にとって、とても重要となる。〝勘〟が鋭いに越したことはないが、そのような人は一握りだと考えると、大半の人は、幾通りものノイズ知識の組み合わせを経験することで応用力を高めることが、成長への道しるべになる。簡単に言えば、それほど精度の高くない〝勘〟であっても、応用しなければならない経験を幾重にも積み上げ、失敗を重ねることで、成功率が高まり、それが成長、ということになる。

したがって、営業現場が営業マンを育てるだろうという安易な考え方で、知識がスカスカの状態の営業マンを放置しても何も始まらない。知識密度が濃い状態になって、はじめて営業現場の経験量が応用力を高め、営業マンを成長させることができる。

とりわけ、応用力の中でも〝洞察力〟という能力を磨いておくことは、営業マンにとって重要なことだ。この能力は、お客様の決断を促す決定的な判断基準を探し出し、受注環境を整えるために欠かせないものとなる。

営業マンの成長とは、この〝勝負手〟を打てるかどうかだと言っても過言ではない。

風評妄信 Ⅱ
営業は自分自身を売り込め、というウソ

傲慢さの極み

「商品を売り込むよりも自分を売り込め！」

このような檄を飛ばした後、営業マネジャーが、過去どれだけお客様から気に入られてきたか、という自慢話が始まる。

これは、テレビドラマの一シーンではなく、営業部内でよく聞く現実の話だ。このような「自分が売れたから商品が売れた」という発想は、傲慢以外の何物でもないが、残念ながら、営業関係者の間では、〝自分売り込みの効果〟は、広く信じられている。

誤解がないように説明すると、営業マンが信頼されたことがお客様の意思決定に影響を与える、ということはよくある。しかし、その場合は、その大半が、商品や市場に対する深い

知識、営業時の真摯な対応という、営業行為に対する副産物的な結果であって、自分自身を売り込んだ結果ではない。

営業マンの仕事は、会社の商品やサービスを売り込むことが本筋であり、どれほど自分自身を売り込んでも、商品やサービス、そして、契約後のお客様のメリットをきっちりと訴求することができなかったら、決して受注できない、ということを忘れてはならない。

ところが、自分自身を売り込むことを重要視する営業マンは、総じて営業能力、特に、知識に対する考え方が稚拙になりやすい。なぜなら、知識を覚える努力よりも自分自身を磨く努力のほうが優先される（実際には、これすら磨く努力をしている人は少ないが）、という考え方に引っ張られてしまうからだ。その結果、知識量や営業量を軽視しやすくなる営業マンが多くなる。

私が、この間違った考え方を毛嫌いしているのは、営業という仕事を冒瀆しているからでもある。また、お客様を同時に冒瀆していることにもなる。例外はあるかもしれないが、ほとんどのお客様は、必要なものをきっちりと吟味して判断する。その判断材料に営業マンの信頼性が含まれるが、あくまでも主役は、商品やサービスに対する把握、信頼、納得であることを忘れてはならない。

「伝聞(でんぶん)同比」の法則

営業マンは、「自分を売り込め」と教えられなくても、結果的に、自分を売り込むスタイルでしか営業できない人は多い。不勉強が招く知識量の少なさ、経験量（営業量）の少なさが、その原因だ。確かに、知識も経験も少なければ、商談中に自分を売り込むしかなくなる。これも現実だ。

その最悪の商談スタイルを避けるためのノウハウがあるので、ここで紹介しておく。それが、「伝聞同比」というノウハウだ。文字通り、伝（話すこと）と聞（聞くこと）が同じ比率という意味となる。知識が少なくても、このノウハウを覚えれば、ある程度のレベルでの商談が可能になる（知識量が少なくてもよいということを示唆しているのではない。くれぐれも誤解なきよう）。

伝と聞を同比にするためには、売り込みをやめることだ。「商品やサービスを説明しよう」

「何とか売り込もう」という営業姿勢だと、どうしても「伝聞八二」「伝聞九一」になってしまう（知識量が豊富であれば、それでも商談は成立することもあるだろうが）。

では、売り込まずに何をするのか？

営業側の「伝」を「質問」形式で使うのだ。つまり、徹底的に、ヒアリングを行う。その結果、「聞」は、その答えとなる。その答えに、次の質問をぶつける。また、その答えが出る。このようなやり取りを繰り返すだけでよい。と言っても、このノウハウも最初は、なかなか思うようにいかないだろう。何度か失敗しながらでも続けていくことが必要なのは言うまでもない。

伝聞同比は経験すればわかるが、会話のテンポがとても良い。お客様がこのテンポに慣れてくれれば、お客様側から営業マンに対して質問が出る。つまり、伝と聞の主役が入れ替わるのだ。こうなれば、商談は一歩前進となる。お客様の質問には、ニーズやネックに繋がるシグナル出しであることが多い。お客様のシグナルをキャッチし、お客様のニーズとネックを整理すれば、クロージングへの道筋が見えてくる。なお、このシグナルキャッチ力は、営業マンの個人差が激しい。同じ言葉を聞いても「それがネックだったのか。よし、このように対策を打とう」となる営業マンと、単に聞き流すだけの営業マンに分かれる。シグナルは言葉だけでなく目からも飛び込むことがある。少しでも逃さないために、感度良いアンテナを張ることがニーズ喚起とネック解決の精度を高めることにつながる。

ニーズ喚起とネック解決が商談の花形

商談は、ニーズを喚起し、ネックを解決した時点で、決着が付く――。

この言葉は、是非とも覚えていただきたい。

商談の目的は受注だが、受注のために必要なキープロセスは、ニーズ喚起とネック解決の二つだ。商談の中身はすべてニーズ喚起とネック解決に集約されると言い切って良い。そこに、「自分自身を売り込む」という陳腐な発想が入り込む余地はない。

お客様側の立場に立ては、新しく購入もしくは契約するにしても、いまの取引先から切り替えるにしても、その根拠を必要とする。これは、法人であっても個人宅であっても同じだ。

もちろん、法人の場合は、個人宅よりも決裁プロセスや検討事項が多いので、その分複雑になる。

その根拠の主が、いまよりもニーズを満たすかどうか、となる。「その商品を購入すると、このような部分が満たされる」「そのサービスを導入すると、このような部分が便利になる」など、ニーズを顕在化していく作業が〝商談〟であり、ニーズは多ければ多いほどよく、また、強ければ強いほどよい。

一番楽な商談は、お客様自らが明確なニーズを持ち、営業側が更にニーズを喚起する必要がない、完全PULL型（詳しくは179～183頁）の商談だ。営業能力の是非に関係なく、過不足なく応対さえすれば受注になりやすい。自分自身を売り込む必要もない。

しかし、そのような商談ばかりではない。特にPUSH型（179～183頁）の営業は、お客様自らが明確なニーズを持つ段階に至るまで、何度もニーズを喚起するための商談を繰り返さなければならない。そのためには、お客様の言葉からニーズに繋がるシグナルをキャッチするための知識、経験、応用が必要となる。

難易度の高い商談とは、強力なニーズがなかなか浮上しない商談でもあるのだ。

次に、発注根拠の従は、ネックが解決されるかどうか、となる。どれほどニーズを喚起できても、それを上回るネックが解決できなければ、いつまで経っても受注はない。

つまり、商談とは、ニーズ喚起を図りながら、ネック解決に頭を使う、という仕事だと言える。だからこそ、豊富な知識量、経験量、そして応用実績がなければ、簡単な商談は受注できても、難しくなればなるほど、受注率が低くなる。その前段階で、営業能力が乏しければ、難易度の高い商談は、商談そのものまでたどり着くこともできないとも言えるが。

「予算が合わないので失注」はなぜ起こるか

ネックで一つ考慮しておかなければならないことがある。ヒアリング力やシグナルキャッチ力が低ければ、なかなかサブマリンネックを見つけることができないことだ。

サブマリンネックとは、営業側にとって認識できていないネックのことだ。よく、「予算が合わないので失注しました」という営業報告を聞くが、そのほとんどは、本当の理由であるサブマリンネックの存在を突き止めることができず、受注のための正確な折衝ができなかったことによる。お客様は、予算が合わないという理由で断るのが楽なので、だいたい断るときは、予算が合わないとなってしまうだけなのだ。本当に優秀な営業マンの営業報告に予算が原因の失注理由が少ないことが、この辺りの事情と合致する。

優秀な営業マンとそうでない営業マンの違いが、こんなところにも出てくるのだが、お客様はすべてのネックを営業マンに教えない、ということを知っておくことは、とても重要なスキルの一つとなる。

サブマリンネックの可視化

お客様が、本当のネックを教えない理由は、二つある。

一つは、意図的に教えない、ということだ。発注の本命候補以外に、何もかも教えるのは面倒くさい、と誰もが考えることであり、営業マンに聞かれたこと以外、積極的に教えることはしない。急所を外した質問しかできない勘の悪い営業マンに対して、お客様が、「御社への発注の優先順位が低いのは、本当は別のネックがあるからだが、聞かれもしないことを敢えて教えてあげる必要はない」と考えるのは自然なことだ。

さて、もう一つの理由が、お客様自身も、何となく積極的になれないだけで、ネックを明確化できていない、ということだ。お客様の全員が、同じような自己分析能力を持っているわけではない。中には、情報を整理することが苦手で、どのような仕事でもアバウトに処理してしまう人もいる。つまり、相手の仕事処理能力も千差万別という訳だ。その結果、自分自身でも明確化していないネックを営業マンに教えてあげることができるはずもないのだ。

更に、細かく言うと、お客様側は担当窓口と決裁者に分かれることが多い（特に、法人の場合）。担当窓口がその気でも、決裁者の意向が消極的で、且つ、その理由を教えてもらえない（もしくは聞けない）場合、営業マン、担当窓口の両者にとってネック不明、つまり、サブマリン状態になることがある。そのような場合、二人でどれだけ膝突き合わせても商談が進むはずがない。

以上を踏まえると、商談を有利にコントロールするためには、サブマリンネックを可視化する営業能力（主に、ヒアリング力やシグナルキャッチ力）が必要だということがよくわかる。

また、同様の発想で、サブマリンニーズについても考慮する必要がある。特に、お客様にとって推進材料となるニーズをお客様自身が気付いてない時、それを営業側が如何に伝えることができるか、というのが、営業マンの腕の見せ所と言える。

なお、補足になるが、なぜ主がニーズで、従がネックかというと、ネックがなくてもニーズが何もなければ、商談そのものが発生しないというのが理由だ。

お客様の意思決定メカニズム

商談の根幹を司るニーズとネックについて説明したので、お客様の意思決定メカニズムについて触れておきたい。

営業先が法人であろうと個人宅であろうと、「他社が使っているから」「となり近所や知人が使っているから」という理由が、お客様の判断材料になりやすい。もちろん、全くニーズがないお客様がそのような考え方を持つことはないが、少しでもニーズがあれば、そのような理由で受注につながることが多い。

なぜなら、他社や他人が使っていることにより、安心感が生じるからだ。この安心感というのは、営業マンのあの手この手のネック解決策よりも強い。この発想の延長上にあるのが、前例主義という意思決定メカニズムだ。これは、役所だけのものではない。進取の気性に富んだ人は一握りの存在であり、ほとんどの人は、何だかんだと言って、この前例主義を好む。安心感を得やすいからだ。

この〝安心感〟こそ、ネック解決のキーワードとして心得ておくことである。営業側の主張を繰り返すのではなく、お客様の安心感を引き出す。これこそが、意思決定メカニズムの急所を突いた上級ノウハウと言える。

次に、物理的なメカニズムだが、特に法人営業の場合、このメカニズムの熟知は必須となる。

サブマリンネックの説明でも言及したが、営業能力の違いが出やすいポイントとして、担当窓口に対する依存性がある。簡単に言えば、担当窓口の言うことがすべて、という営業をしてしまうと、その分、失注が多くなる。私は、この現象を〝担当窓口心中〟と呼び、警告を鳴らしている。

ところが、担当窓口心中の危険性を教えても、能力の低い営業マンは、なかなか治らない。そもそも他人のアドバイスを聞く耳がないという自分勝手な営業マンは仕方がないとして、トライしようとしてもできない営業マンが意外に多く存在する。このことが、営業現場では課題として取り上げるべきだ。

トライできない理由は簡単だ。意思決定メカニズムを本当の意味で熟知していないからだ。法人の場合、一般的に、継続的な商談窓口担当として、決裁者が座ることはない。担当者を育てるという名目もあるが、上層部になればなるほど同時多発的に進捗する案件が多く、すべての商談に首を突っ込むことが物理的にできないからだ。言い換えれば、同時多発的な案件を処理するために、担当者が存在すると言ってもよい。

優秀な営業マンが無意識に行う〝担当窓口評価〟

したがって、担当窓口の役割は、決裁者が〝正しい〟判断を行うことができるように、商談内容をまとめることにある。但し、営業マンの主張することを、単にまとめるだけでは決してない。決裁者が判断する上で知りたがっている情報を営業マンから引き出した上で、商談内容をまとめることになる。だからこそ、法人営業の場合、何度かの交渉を行わなければならないことになる（個人宅営業であれば、一、二回の商談で済むことが多い）。それは、お客様側の内部で、決裁者と担当窓口のやり取り（確認）を行うために必要不可欠なものとなる。

このことを前提に、商談のあるべき姿を捉えた場合、営業マンに必要な作業が発生することになる。

それは、〝担当窓口評価〟だ。

この作業を意識的に行っている営業マンは稀だが、優秀な営業マンは、無意識に行い、商談をコントロールしていることが判明している。

担当窓口評価は、二つの切り口で行ってほしい。

①担当窓口の仕事能力
②担当窓口の社内折衝能力

評価方法は、一般的な五段階評価（A〜E）で十分だ。

仕事能力が乏しい人に共通することは、仕事スピードが遅い、ということであり、これは商談進捗に多大な影響を与える。例えば、商談の中でお客様側が検討すべきこと、確認すべきことが何点か出たとして、仕事能力が優秀な担当窓口であれば、その日のうち、もしくは短期間で解決する動きをする。ところが、仕事能力に乏しい人は、何日も寝かせてしまう。その結果、記憶劣化に伴って、あいまいな仕事しかできない。当然、商談もあいまいに進むことになり、決裁者が判断できる材料が揃わず、失注ということになりやすい。

また、書類作成能力も乏しければ、まともな稟議書も書けない。

次に、社内折衝能力も商談進捗に与える影響は大きい。特に、決裁者が発注に消極的なときは、担当窓口が如何に積極的であっても、社内折衝ができないようでは、決まるものも決まらない。

その他、営業マンとしては考えたくないことだろうが、熱心に商談していただける担当窓口が、実は反対者ということもある。よくあるのは、取引先の切り替え営業の場合、担当窓口は現在の取引先と昵懇（じっこん）にしているので切り替えたくないのだが、決裁者や上層部が現在の取引先に疑問符を出し、担当窓口に取引先変更を検討するように指示することがある。このケースでは、担当窓口の社内折衝能力が高ければ、それが仇となる。なぜなら、社内折衝能力が低ければ、決裁者や上層部の意向を覆すことができないので、取引先変更を前提に商談に臨むので、発注確率は高くなる（複数社のコンペの場合は別の課題が生じる）のだが、社内折衝能力が高ければ、上層部や決裁者を丸め込んでしまうことになるからだ。営業能力の乏しい営業マンでは、とてもじゃないが太刀打ちできない。

営業ほど面白い仕事は他にない

営業マンの存在理由を問われると、次のように発想してほしい。

お客様の意思決定メカニズムそのものをコントロールするために存在している――と。

お客様の意思決定に委ねる宣伝と営業の違いは、まさしくここにある。どちらもお客様の意思決定に影響を与える仕事で、どちらも重要な機能だが、宣伝があくまでも〝一対多〟のマス対応であるのに対し、営業は〝一対一〟の個別対応なのだ。その分、お客様の意思に依存するだけでなく、意思そのものを変えてしまう力強さが求められる。そして、個別案件ごとに戦略を描き、戦術を着実に実行する器用さが備わってなければならない。

営業という仕事は、よく囲碁に喩えられる。大局的に碁盤（商談）を俯瞰し、陣地取りの最終形（受注）を常に睨みながら、次の一手を考えることを必要とするからだ。だからこそ、定石（営業部に継承されているノウハウ）をすべて暗記しなければならないし、次の一手のバリエーション（多様な営業の切り口）も常日頃から研究しておく必要性がある。

営業は、そのような背景の中、会社を代表して、取り引きしたい会社や消費者に立ち向かう。営業の成果次第で、会社を支える社員の給与が決まると言っても過言ではない。

こんなに面白い仕事が他にあるだろうか。もちろん、営業の延長上に経営というものがあるが、そこにはサラリーマンが背負いきれないほどの重責がのしかかる。ある意味、思いっ切り動き回れるのは、営業という仕事が一番だ。

お客様に振り回されないための二種類の根回し手法

お客様の意思決定メカニズムをコントロールするために必要な営業能力として、〝判断工程根回し力〟が挙げられる。その手法は二つある。

①縦軸根回し
②横軸根回し

縦軸根回しは、簡単に言えば、担当窓口の上司、決裁者に直接商談するということだ。もちろん、すべての商談において、ということではない。担当窓口の仕事能力、社内折衝能力とも優秀で、且つ、担当窓口自身が商談成立に明確に賛同している場合は、その担当窓口に預け、その分、他の商談案件に時間と労力を費やしたほうが、よほど効率的と言える。

縦軸根回しの指導をすると、必ず、「担当窓口の上司に商談に行くと、担当窓口がへそを曲げて、より商談しにくくなるのではないでしょうか？」という質問をしてくる（頭の中で思う）営業マンがいるが、その保守性というか、いままでそのような行為を積極的に実行してこなかった自分自身の正当性を暗に主張する姿勢に、滑稽さすら感じる。

担当窓口の同意や納得を追求する工夫をするのは当たり前のことであり、それも、また営業努力の一環であることに気付いてほしいものだが、会社側を代表する営業マンとして、それ以上に考えなければならないことがある。

それは、「受注確率を高めるために、最大限の努力をしているか？」と自分自身に問いかけることだ。担当窓口心中が受注確率を低めることについては、前述した通り。担当窓口がへそを曲げることを恐れて、受注確率を高める動きをしない、ということは、客観的に捉えると、会社に不利益を与えてでも担当窓口の心情を守る、ということに過ぎないのだ。その場限りの〝いい子ちゃん〟であることを望むということは、与えられた責務を全うしていないということになる、ということを、厳しい言い様になってしまったが、自覚すべきだ。

ハイレベルな営業マンが行う横軸の根回し

次に、横軸根回しについてだが、これは、縦軸根回し以上に、実行する（できる）営業マンは少ない。言い換えれば、これができるようになれば、相当優秀な営業マンへの仲間入り、ということになる。

横軸とは、担当窓口の所属している部署とは違う部署ということを意味する。例えば、担当部署が購買部であれば、総務部であったり、それこそ営業部であったり、ということだ。「えっ？　営業マンが営業部に根回しに行く？」と驚く営業マンがいる。人間とは、よほど保守的にできているのか、創造力が乏しいとしか言いようがない。

担当窓口が発注に積極的であれば、それほどの努力をする必要はないが、そうでない場合、工夫しなければならない。そのときに目を付けるべきポイントは、自分たちの商品やサービスが導入された後、実際に使う部署の〝声〟だ。新規導入であれば、「現在、それがないことにどれだけ不便を感じているか」という〝声〟が、商談を後押しするのであり、取引先の入れ替えであれば、「現在の商品やサービスにどれだけ不満があるか」という〝声〟が、お客様の意思決定メカニズムを動かす。それぐらいの創造力を持って営業してほしい。

また、別の横軸もある。それは、決裁者が消極的な場合に必要となるのだが、担当窓口の社内折衝能力が優秀であれば、それに頼るのも一つの戦法。ところが、そうでなければ、担当窓口に頼ることができない。その場合、決裁者に影響力のある人に根回しに行くのだ。そのような人が社内にいなければ、社外から影響力がある人を探さなければならない。漫画のような話だが、奥様の言うことだけは「ノー」と言えない決裁者であれば、奥様への根回しも真剣に考えるべきなのだ。

私が言いたいことは、「予算が合わなくて失注しました」と、安易に報告していないか、自問自答してほしいということだ。自分の仕事と真剣に向き合うなら、そこまでの創造力を働かせるべきであり、実際に、可能な限り努力すべきであろう。

ここまで読み進めた読者のみなさんは、「自分自身を売り込む営業」が如何に陳腐なものか、そのような風評妄信で、どれだけ若手の営業マンの成長をストップさせているか、理解できたと思う。

風評妄信 III

量より質、というウソ

営業量が少なすぎる実態

私の営業コンサルティング事業は、ユニークな仕掛けが多いのだが、その一つに、「営業プロセス活動分析システム」というものがある。独自に開発したエクセルシートを使って、各営業マンが、どのような活動に、どれぐらいの時間を平均的に割いているか、ということを数値的に調査する。

種を明かせば、第1章で紹介した「営業フライト時間調査書」は、「営業プロセス活動分析システム」の簡易版というか、私の営業コンサルティングを受ける機会のない読者のみなさんのために、営業フライト時間のみを分析することを狙いとして本書用に作成したものである。

実際の営業コンサルティングで実施している「営業プロセス活動分析シート」は、もっと複雑な項目で分析する（第一章で少し触れているが）。外勤活動は、営業フライト時間（開拓商談や案件商談に費やす時間）だけではなく、受注後の打ち合わせ、クレーム・トラブル訪問、他に、それぞれの営業スタイルの特徴に合わせた独特な活動項目などを一〇～二〇項目平均用意する。内勤活動は、会議、打ち合わせ、書類作成、ＰＣ作業等、どの作業に、どれぐらいの時間を掛けているのかを知ることで、活動バランスのアドバイスに役立つような項目を二〇項目平均用意する。それら三〇～四〇項目を毎月分析し、経月変化を見ることで、業績のアップ＆ダウンとの連動性を分析する。

そのようにして、数多くの営業部を分析した結果、あらゆることが判明しているが、量と質に関連することで言えば、営業量が少ない営業部は、ＰＵＳＨ系の商談（営業側が新規顧客にアプローチすることから始まった商談）ではなく、ＰＵＬＬ系の商談（ルート営業や、新規顧客であっても顧客側からの打診により始まった商談）の受注比率が高く、また、難易度の高い商談はほぼ失注、ということが判明している。

営業量が多いか少ないか、という目安は、業種業態に関係なく、一定基準があることも判明している。

第1章でも説明したが、営業フライト時間の一人当たり一日平均が、一二〇分未満は、間違いなく少ない。私は、二〇〇分以上を〝グリーンゾーン〟、一二〇分以上二〇〇分未満を〝イエローゾーン〟、一二〇分未満を〝レッドゾーン〟と、信号機になぞらえて呼び、警告している。

営業フライト時間がレッドゾーンの営業部に共通する特徴は、まず、内勤時間がとても多いということだ。特に、ＰＣ作業、提案書作成、見積もり書作成、中には、営業日報作成などに異常に長い時間を費やしている。また、移動時間が営業フライト時間よりも多いという、笑うに笑えない結果に、度々遭遇する。

「量より質」という本当の意味は、営業量よりデスクワーク作業能力のほうが重要だということを言いたいのかもしれない、と冗談を言いたくなるほど、「量より質」という考え方は、滑稽な風評なのだが、この風評妄信は根深いものがある。

風評妄信 Ⅳ

明るい人間が営業向き、というウソ

こんなはずじゃなかった症候群

「営業に向いているのは、どのような人ですか？」

このように問われると、大半の人が、社交的な人、体育会系の人、明るい人、喋りの上手い人、等々の答えが返ってくる。実は、この間違った発想が、人材育成、適材適所、という重要な判断を狂わせていることに気付かなければならない。

社交的な人、体育会系の人、明るい人、喋りの上手い人、等々が営業に不向きだ、と指摘しているわけではない。ここで、みなさんに伝えたいことは、営業に向いているタイプ、について先入観を持たないほうが、営業マンの育成に成功しやすい、ということだ。

そして、その現実的な答えを知っているのも、みなさんなのだ。

あの営業マンは、営業マンに向いていると思ったのに、なぜ営業成績が悪いのだろう――。ほとんどの営業関係者がこのような「こんなはずじゃなかった症候群」に、幾度も陥った経験があるのではないだろうか。

その理由は簡単だ。

「明るい人間は営業に向いている」という風評を信じてしまっているからだ。正確に言えば、風評というよりも、自分自身でこのように考えてしまっている営業関係者も多い。なぜ、そう考えてしまうのか。

暗い性格よりも、明るい性格のほうが、お客様に対する〝印象〟が良いから、と考えるからだ。

ここからは、多少複雑な話になるが、「明るい性格＝好印象」、及び「好印象＝営業向き」という考え方そのものは間違っていない。ということは、「明るい性格＝営業向き」という方程式が成立しそうなものだが、この方程式が、実は成立しないのだ。なぜなら、「明るい性格」は「営業向き」を満たす必要条件にはなり得るが、十分条件にはならないからだ。それ以上に、「明るいから営業ができる」という考え方そのものが、営業に必要な能力の奥深さを理解できていない証左とも言える。

営業のすべてがわかる営業力の定義

営業能力という言葉を定義すると、「アプローチからクロージングまでの商談行為を意図通りにコントロールできる能力」となる。
また、営業能力とは、営業力を構成する一要因であり、私は処女作『御社の営業がダメな理由』（新潮新書）の中で、営業力の考え方を次のように提示している。

営業力＝営業量×営業能力

とてもシンプルな方程式だが、営業を語る上で、この方程式が営業のすべてを表していると言っていい。そして、それぞれの要因を定義すると次のようになる。

営　業　量の定義＝「アプローチからクロージングまでの商談時間」
営業能力の定義＝「アプローチからクロージングまでの商談行為を意図通りにコントロールできる能力」

そして、営業マンが取り組むべきことは、営業量と営業能力の値を高めることなのだが、それを具体的に整理したものを次にまとめた。

〈営業量の構成要因（3）〉
初アタック量
反復アタック量
反復商談量

〈営業能力の構成要因（9）〉※各々のページ記載は、関連文章のある小見出しの箇所
シグナルキャッチ力…75頁

これら構成要因一覧は、丸暗記していただきたい。営業力向上に欠かせない切り口がすべて入っており、一つ一つの構成要因を丁寧にマスターし、営業現場に活かしていけば、間違いなく営業力向上が果たせるからだ。

なお、本書は営業部の罹りやすい病状を提示しながら、それを治療するための処方を至るところに書いている。特に、随所にちりばめた9個の営業能力構成要因の説明は重要だ。本書を一通り読んだ後、9個の営業能力構成要因を自ら拾い出して、まとめてみると、更に役立つだろう。

さて、「第四の風評妄信」に話を戻すが、この風評妄信をもたらす〝印象〟に対する考え方の間違いを正してくれるヒントが、営業能力の構成要因の中にある。

印象力が、構成要因の一つになっているからだ。

印象力というミラクル能力

印象力は、営業能力の構成要因の中でもひときわ異彩を放っている。

というのも、最も人間的な色合いの濃い要因と言えるからだ。最も感覚的な色合いの濃い、と言い換えることもできるが、その分、絶対的な解答もない。

したがって、印象力を解き明かすのは、相当骨の折れる作業だったが、営業コンサルティングを通じ、いろいろな事例を分析して突き止めた。その成果を『印象でわかる×（バッテン）社員』（日本経済新聞出版社）にまとめているので、詳しく知りたい方は、是非とも目を通していただきたい。

さて、印象力を整理すると、次の7要素に分類できる

①見た目（ルックス、身長、スタイル、姿勢、服装、装飾品、髪型、等）
②しぐさ（顔の表情、身体の表情（ボディランゲージ）、等）
③喋り様（声音、音程、滑舌、話法（能弁話法と訥弁話法）、話し方（速度含む）、方言、等）
④言　葉（ボキャブラリー（知識・教養・知性）、言葉遣い・組み合わせ方、わかりやすさ、等）
⑤行　動（機敏さ、マメさ、熱心さ、見返りを求めない（give & give）対応、等）
⑥情　報（会社・商材のブランドイメージ、口コミ・ユーザーの評判、宣伝・広告・ニュース・記事、営業マンの肩書・出身地・経歴・学歴・年齢、等）
⑦オーラ（気が発するエネルギー、信頼感（自信）、安心感（丁寧さ）、警戒感（焦り・怪しさ）、拒絶感（危険性）等）

７要素の中にも、数多くの因子があり、要するに、印象力を高めるためには、明るいという一つの印象だけでは、不十分ということなのだ。これだけの要因を並べると、印象力とは、営業マンのすべて、という感じだが、あながち外れてはない。また、印象力を高めるためには、大変な努力が必要だということがわかるが、その努力を積み上げる価値はある。それだけ重要な営業能力だと言える。

商談を左右するコミュニケーションスタンス

その理由は、印象力によって、お客様のコミュニケーションスタンスが変わるからだ。

わかりやすく言えば、悪印象の営業マンに対しては、お客様は聞く耳がない。したがって、どれだけ熱心に営業トークを連発しようが、ほとんど馬耳東風で、時間の無駄となっているだけなのだ。

逆に、好印象の営業マンに対しては、聞く耳があるので、営業トークが浸透しやすい。また、営業マンに協力的でもある。例えば、何の問題もない既存取引先の営業マンに対しては、印象7要素の「情報」の部分が好印象になるので、必然的に、その取り引きを引っくり返そうとしている営業マンに対しては、相対的に悪印象を抱きやすい。したがって、コミュニケーションスタンスそのものが不利な状態から始まるので、取引先の切り替え営業は苦労することが多くなる。これは、印象力の分析から解明できることになる。

一方、出身地や出身校が一緒だということがわかると、急に、お客様のコミュニケーションスタンスが変化し、その後の商談が進みやすくなったりすることもある。これなどは、印象力のミラクルな重要性を示す好事例だろう。

お客様のコミュニケーションスタンスを侮（あなど）ることなかれ。営業マンは、このことを肝に銘じ、印象力向上の努力も怠ってはいけない。

風評妄信Ⅴ

営業マニュアルは営業現場で役に立たない、というウソ

営業マニュアルが不要と思われている理由

営業コンサルタントとしていろいろな経験をしてきたが、九割以上の会社が、営業マニュアルを用意していないことがわかった。むしろ、不要と考えている。

その典型的な理由は、営業現場でのお客様の反応は十人十色なので、マニュアル的な紋切り型のやり取りではなく、臨機応変なアドリブが必要だと考えているからだ。そのためには、営業マニュアルが、むしろ邪魔になる。そのようなことが、圧倒的に信じられている。

私は、このことに遭遇するたびに、「世の中は、決して多数が正しいのではない」という示唆に富む言葉を頭の中で反芻する。

これは、明らかに〝アドリブ〟という概念を取り間違えたことから生じる営業関係者の大

チョンボだと言ってもよい。真実は全く逆で、営業マニュアルこそ、正しい〝アドリブ〟能力を身に付けるための必要不可欠なツールだからだ。

この真実が広く伝わっていない現状に、私は忸怩たる思いがある。

ナレッジ・マネジメント

一九六七年、ハンガリー出身の社会科学者であるマイケル・ポランニー（Michael Polanyi）氏が一冊の本を著した。その著書『The Tacit Dimension（暗黙知の次元）』から、ナレッジ・マネジメントという概念が始まったとされている。

その後、ナレッジ・マネジメントの研究が盛んに行われることになり、IT（Information Technology）の進化とともに拍車が掛かった。

ナレッジ・マネジメントとは、個人の頭の中に存在する知識（暗黙知という）を誰もが知ることができる知識（形式知という）に変換することにより、その知識の共有化を図り、仕事の一定化、効率化、応用化を果たすマネジメント技術を意味する。また、形式知となることで、多くの学習結果が公開されるようになり、知識の不安定性、不明確性が取り除かれ、より明確な知識へと変遷していく。つまり、知識がより確かな知識を生むのだ。これが、組織の進化に繋がる。

ハーバード・ビジネススクールのデイビッド・A・ガービン（David A. Garvin）教授は、『「学習する組織」の構築（Building a Learning Organization）』という論文の中で、次のように論じている。

「学習なしでは、会社も個人も古い慣習を繰り返すだけであり、仮に変化を起こすことができたとしても、それは表面的、あるいは偶然であり、その効果は短命でしかない」

ここでいう〝学習〟とは、知識を共有化することであり、ナレッジ・マネジメントの重要性をよく表している。

営業という仕事は、多種多様な商談を乗り切る仕事なので、ナレッジ・マネジメントの必要性は高い。営業マンは、日々、いろいろなところで商談を行っている。ということは、多くの失敗例も含めて、日々、数多くのナレッジが生まれている。その暗黙知としてのナレッジを暗黙知のままにしておくのは、如何にももったいない。

形式知とは、誰もが知ることができる知識と書いたが、具体的には、文字化、数字化、図式化等にしておくことを意味する。つまり、形式知とは、文字等で集約された知識ということになり、これは、まさしくマニュアルそのものだ。

営業部が、ナレッジ・マネジメントを活用するということは、成功例、失敗例を含めたノウハウを集約した営業マニュアルを用意し、営業マン全員がその知識を頭に叩き込み、日々の営業の中で新たに発見したり、修正したりした知識（暗黙知）を加える（形式知化）ことを繰り返すことで、営業部のナレッジを常に進化させていく、ということに繋がる。

このようなマネジメントをすることによって、いつまでも同じ失敗を繰り返す未熟な営業部から脱皮できる。

営業マニュアルがないということは、暗黙知の状態の知識が、いつまでも暗黙知の状態で放置されることになり、一握りの優秀な営業マン以外は、いつまで経っても同じミスを繰り返し、うだつが上がらない、という状態が続いてしまう。

知られざるアドリブの本当の意味

もう一度、ガービン教授の言葉を思い出していただきたい。「仮に変化を起こすことができたとしても、それは表面的、あるいは偶然であり、その効果は短命でしかない」という言葉の「仮に変化を起こす」というのは、アドリブを指している。この言葉は、「学習なしでは」という言葉を受けたものであり、共有された知識がなく自分の暗黙知だけでもアドリブはできる、と解釈できる。しかし、それは、「表面的、あるいは偶然であり、その効果は短命でしかない」とあるように、〝確かな〟アドリブにはならない。

このことは、アドリブの本当の意味を見事に表現している。

彼は、学習〝あり〟の状態であれば、確かなアドリブも可能ということを示唆しているのだ。

この考え方は、楽器演奏に共通するものがある。オーケストラやジャム（音楽）セッションなどで、確かなアドリブができる演奏者は、基本演奏を完璧にこなせる人であることが多い。オーケストラでヴァイオリンソロを任せられるソリスト（ソロ演奏者）は、最も基本技術をマスターした人だ。

この一例を取り上げても、アドリブは基本技術の延長上に成立する〝応用〟だということがわかる。〝応用〟という言葉が出てきたので、第一の風評妄信の「成長の定義」で書いた〝応用〟に対する考え方を思い出していただきたい。

少し長くなるが引用する。

「応用とは、一から二を作り出すことを指す。創造であれば、〇からの閃きなので、知識量に頼る必要はないのだが、応用は一から、というのが重要なところだ。決して閃くのではなく、いろいろな一、つまり、いろいろな知識を組み合わせて二を作り出すのだ。もっと具体的に言うと、いま何らかの判断の選択をしなければならないときに、最適な判断を行うに足る最適の知識をいくつか検索し、並べ、それらを掛けたり、割ったり、足したり、引いたり、知識の四則計算を行うことで、人は〝二〟という未知の対応を行う。この行為を〝応用〟と呼ぶ」

アドリブとは、まさしく、確かな知識に裏打ちされた〝応用〟なのだ。〇から一を生み出す創造ではなく、〝一〟というベースになる知識が必要だ、というところが重要なポイントであり、頭の中がスカスカの営業マンが、精度の高いアドリブを連発すると考えるのは、幻想に過ぎない。

営業マニュアルは、いつ作る？

ナレッジ・マネジメントの考え方をベースに営業マニュアルの重要性が理解できたと思うが、肝心なことは、どのようにして営業マニュアルを作るのか、ということになる。

難しいプロセスは、営業マン各自の頭の中にある暗黙知を、いつ、誰が、どのようにして形式知に変換するのか、ということだろう。

まず、失敗しやすいパターンから説明したい。

それは、初めから網羅的な営業マニュアルを作ろうと張り切りすぎる場合だ。私は、このように常にベストな状態から始めたいという考え方を〝百パーセント主義〟と揶揄している。この手法だと、営業マニュアルの作成に時間が掛かり、膨大な情報整理に担当者も疲弊し、組織の規模にもよるが、作成している途中に人事異動などがあれば、いつの間にか作業が中断している、ということが起こりやすい。

仕事を進めていく上で現実的な考え方は、〝一パーセント主義〟だ。できるところから始める。「急がば回れ」とはニュアンスが違うかもしれないが、結局は、その手法が、完成を早めることになる。

いつから始めるのか？

それは、塾講師兼タレントである林修氏の有名なセリフにあるように、〝今でしょ〟という考え方が正解だ。本書を読んだ人は、今日からでも始めていただきたい。

マニュアルの作り方とは

貴殿が営業プレイヤーであれば、今日から「その日の商談の中で上手くいったこと、上手くいかなかったこと、想定外に展開したこと」などを、商談ノウハウノートのようなものに、箇条書きで書き残すことから始めていただきたい。その作業を日々重ねるだけでも、商談ノウハウが貯まっていく。

但し、営業部という組織全体で考えると、それだけではダメだ。個々の知識が集約されないからだ。やはり、営業マネジャーが、営業マニュアルの重要性を知らなければならない。したがって、営業マネジャーに、営業マニュアルの重要性を貴殿が説くことも、貴殿の重要な役割になる。

貴殿が営業マネジャーであれば、話は早い。まずは自分の部下全員に、商談ノウハウノート作りを指示していただきたい。次に、それらノウハウを集め、貴殿のノウハウを加えた上で、体系立てて整理し、全員で共有化する。その後、次頁の「一：一ミーティング」の手法を用いて、日々の実践の中からノウハウの精度を上げていけば、立派な営業マニュアルの完成だ。

営業マニュアルを作るべきかどうかを、営業部全体会議で話し合って、合意を得たらスタートする、一種の〝百パーセント主義〟を望む人もいるが、それでは、結局何も始まらない。それこそ本書を会議参加者全員が前向きなスタンスで読み終えない限り、強烈な風評として流布している「営業マニュアルは役立たない」という考え方を妄信している方々が反対してしまうことになる。

ここも〝一パーセント主義〟の本領発揮で、本書を読んだ営業マネジャーから始めればよい。半年から一年も経てば、営業マンの知識量が確実に増加し、いままで取りこぼしていた商談が取れるようになり始める。営業マニュアルの重要性を草の根で広めていけばいいのだ。

貴殿が社長、もしくは営業部門の役員であれば、その権限を最大限に活用し、今日から営業部全体で営業マニュアル作りをスタートするだけだ。

「一：一ミーティング」の効用

なお、暗黙知を形式知にするには、それなりの技術を必要とする。営業マンの自己分析能力の差が、ノウハウの形式知化のレベル差にそのまま反映されてしまうのを解消しなければならないからだ。その方法として、次の手法を推薦する。

営業マネジャーが、その日の商談報告を一対一で直接ヒアリングしていただきたい。しかも、それを毎日繰り返していただきたい。営業マンが直帰する日は電話でも構わない。そうすると、営業ノウハウの形式知化が、営業マネジャーの能力レベルで一定化するので、より良い営業マニュアル作成に繋がる可能性が高まる。

また、副次効果もある。この毎日の一対一直接ヒアリングを、「日次ヒアリング」、もしくは「一：一（ワンオンワン）ミーティング」と名付け、営業能力向上のための最重要マネジメント策と位置付けるだけで、確実に営業マンの能力向上に寄与する。この「一：一ミーティング」を継続し続ければ、営業日報作成の必要はない。その分、内勤時間を減らすことができる。

実際に、私が営業コンサルティングを行っているクライアント先では、93頁で紹介した「営業プロセス活動分析システム」を営業日報として代用し、それを参照しながらの「一：一ミーティング」を重要視している。その効果は抜群だ。

進化したマニュアル「営業バイブル」

知識集約、知識共有が順調に進むと、もっと本格的な営業マニュアルを作りたい、と考える営業部も出てくるだろう。その場合、私が考案した『営業バイブル』という新手法の営業マニュアルが役立つ。

簡単に説明すれば、バイブル（bible）、つまり聖書のように、物語風の読みやすい文章に作り直したものが『営業バイブル』と言われるものになる。どれだけ体系立てて作成しても、説明調や箇条書きの営業マニュアルは受験勉強を彷彿させることがあり、暗記するのにストレスを感じる営業マンが少なくない。できる限り多くの営業マンが知識暗記に積極的になる工夫が、「営業バイブル」という新手法と捉えていただきたい。

但し、誤解がないように繰り返し書くが、説明調や箇条書きの営業マニュアルでも、あるのとないのとでは営業マンの営業能力向上には雲泥の差が付く、ということに変わりはない。

風評妄信 Ⅵ

企画書・提案書作りが営業能力を鍛える、という真っ赤なウソ

企画書作成のセンスがない人は、自分で作ってはダメ

真っ赤なウソ——という見出しに興味を持った人も多いだろうが、この第六の風評妄信は、直接レクチャーしても、なかなか腑に落ちない人が多い様子で、それほど悪性ウイルスのように営業関係者に強烈に入り込んでいる風評に警告を与えるため、大袈裟な言葉を添えた。

長年、営業コンサルタントとして働いていると、ユニークなことに出会う機会が多い。前述した「営業プロセス活動分析システム」による活動分析によって営業マンの内勤時間が予想以上に長いことは、既に指摘したが、その中でも、企画書や提案書作成に携わる時間のほうが、実際の商談時間よりも長い営業マンは、意外に多い。

実は、これこそ最大の無駄と言っても過言ではない。商談するよりも企画書・提案書作成に時間を費やしている営業マンに対して営業マネジャーが注意しないというのも滑稽な話だが、その原因は、企画書・提案書作りが営業能力を鍛える一つの要素だという風評を信じている人が多いからだ。

結論を先に書くと、企画書・提案書作りに時間が掛かったり、下手な内容しか盛り込むことができなかったりする営業マンは、企画書・提案書作りに時間を掛ければ掛けるほど、営業能力が劣化していく。このような危険な事実に早く気付くべきだ。この考え方が腑に落ちない人が多いと思われるので、丁寧に説明したい。

まず、そもそも論から始めたい。

企画書・提案書を書く必要が生じるケースをイメージしてほしい。それは、既成のパンフレット、営業ツール、チラシ、資料等々では、対応できない場合だ。それらで対応できるのに、わざわざ手作りの企画書・提案書を持参する営業マンがいたとしたら、それこそ、無駄以外の何物でもない。明らかに外出したくない口実にデスクワークするという悪質な勤務態度を疑いたくなってくる。

既成のもので対応できないケースは、お客様の個別事情に合わせた丁寧な資料を作成して、微に入り細に入りの丁寧な商談をする必要性が生じる。この考え方は、至極全うである。

ここで、私が言っておかなければならないことは、企画書・提案書の重要性を否定しているのではない、ということだ。私の考え方は全く逆で、企画書・提案書は、商談の武器として積極的に活用すべきだという信念を持っている。

企画書・提案書の出来映えを左右する情報収集力

話をそもそも論に戻すと、お客様の個別事情に合わせた丁寧な資料を作成するために必要なことは何だろうか？

その答えは、情報収集力だ。ここで、商談の肝は、ニーズ喚起とネック解決だということを思い出してほしい。つまり、ニーズ・ネック関連の重要なファクターを中心に情報収集しなければ、そもそもお客様が望む企画書・提案書は作れない。

情報収集は、商談中のヒアリングだけが手段ではない。社内で対象となる営業先について詳しい社員、同じ業界の営業先、専門情報誌、新聞・雑誌、ネット、等々、あらゆる所にアンテナを張る姿勢が大切だ。生きた情報は、特に、足で稼ぐ必要があるので、営業量にも密接に絡む。

当然ながら、情報収集力が不十分な営業マンほど、作成時間が掛かる。情報が薄い分、作文に手間が掛かるから仕方がない。と同時に、中身も陳腐なものになりやすい。

それこそ、結果的に、膨大に無駄な時間を費やしているだけと言ってもよい。所詮不十分な企画書・提案書しか作成できないにもかかわらず、営業フライト時間という貴重な時間を奪っているのであれば、企画書・提案書作成の時間を営業フライト時間に充てて、一年後の能力向上のために動いたほうがよい。

発想の転換がアイデアを生む

また、誰もが経験していることと思うが、二、三時間掛けて丁寧に作成した企画書・提案書であっても、お客様はペラペラとめくるだけで（営業側が説明しているページと違うページに勝手に進んでいる場合が多い）、作り甲斐がないことも多い。

ここは思い切った発想の転換が必要だ。

第一に、商談が徹底的に煮詰まるとき（ここが勝負というとき）まで、企画書・提案書に頼らず、口頭のやり取りで商談を進める。また、このほうが知識の暗記が更に必要になるので、ナレッジ習得に熱心になりやすい。

第二に、同じ商品やサービスを営業していることを考えると、企画書・提案書のバリエーションが無限大にあるはずがない。したがって、企画書・提案書の出来栄えが優秀な営業マンの作品をベースに、何種類かのバリエーションを事前に用意しておき、作成時間の短縮を図る。

この発想の転換だけでも、無駄な内勤時間は格段に減る。

企画書・提案書作成不要のもう一つの目的

優秀な企画書・提案書のバリエーションを用意しておく目的は、もう一つある。これも、そもそも論だが、優秀な企画書・提案書が優秀である理由は三つある。

①訴求力が素晴らしい（ストーリー展開がしっかりと組まれている）
②ニーズ・ネック関連の重要な情報がきっちりと盛り込まれている
③レイアウトがしっかりとしており、見やすくなっている

これら三つの要素をレベル高く作成するとなると、センス抜群か、経験豊富か、専門的な勉強をしてきたか、文章表現が優れているか、最低いずれか一つ以上があてはまらなければならない。言い換えれば、優秀な企画書・提案書は、営業マンの企画書・提案書作成能力を向上させる教材として使えるのだ。これが、もう一つの目的となる。

学習という素晴らしい言葉

学習という言葉がある。この言葉は、文字通り、「学ぶ」という文字と「習う」という文字の組み合わせでできている。みなさんは、「学ぶ」と「習う」のそれぞれの語源を知っているだろうか。

学ぶの語源は、「真似ぶ（まねぶ）」である。

私は、人の成長にとって、これほど含蓄のある言葉はないと常々考えている。真似をするというのは、恥ずかしいことではない。それどころか、人が知識を得る手法は、真似からしかない。だからこそ、真似ることが「学ぶ」という言葉へと進化していったのだろうと考える。

人の成長をテーマにした講演を行うとき、必ず引用する学説がある。「ミラーニューロン（Mirror neuron）」というものだ。ミラーニューロンは、一九九六年、イタリア・パルマ大学のジャコーモ・リッツォラッティ（Giacomo Rizzolatti）教授らによって発見された。模倣神経細胞と訳され、動物が新たな知識や技術を習得する際に重要な役割を果たす。科学的にも、徐々にではあるが成長という概念が解明されようとしてきている。

アドリブ、もしくは応用は、確かな知識の下で可能になる、ということは既に説明した。営業において確かな知識とは、先人たちが継承してきたノウハウ、営業現場で揉まれてきたノウハウであり、私たちは、それらのノウハウを真似ることから成長が始まるということを、「真似ぶ」という語源から学び取らなければならない。

次に、習うの語源は、「慣るふ」である。

「ふ」という言葉は続けるという意味なので、慣れるまで続けるというのが、その意味となる。これは、63頁の成長のための三つの作業「記憶⬇経験⬇応用」で説明した「経験」の部分に該当する。経験とは、記憶した知識を使い込むための実践なので、まさしく「慣るふ」そのものということになる。

このように学習という言葉を紐解いていくと、何て素晴らしい言葉なんだろうと思う。「学習」とは、真似したことを慣れるまで続ける、という意味なのだ。

下手な営業マンは、模倣しない限り、いつまでも下手

学習という素晴らしい言葉の意味を頭に入れて、企画書・提案書作成について、もう一度考えてみよう。

いまは、企画書・提案書作成が下手でも、営業部としては、できる限り多くの営業マンに上手くなってもらいたい。そのためにも、「学習」の語源を思い出すことだ。

優秀な企画書・提案書をお客様に見せながら説明するプロセスを幾十も幾百も重ねると、優秀な企画書・提案書のストーリーを覚え、訴求力あるポイント出し、表現方法、レイアウト技法などに慣れてくる。

これこそ、無意識のうちに「学習」していることになり、企画書・提案書作成能力が向上するのは間違いない。

繰り返して書くが、企画書・提案書作成が下手な営業マンは、そのナレッジをまだ習得していない段階とも言える。そのような営業マンの作成したものは、○から無理やり〝創造〟

して作成しているに等しい。応用すらできないのだ。その結果、確かな成果物ができると考えるほうがおかしい。知識なくどれだけ営業現場に行こうが営業マンはなかなか成長しないように、知識なくどれだけ企画書・提案書を作成しようが、肝心要（かなめ）のその作り方が急に閃くはずがないので、いつまで経っても下手は下手なままにならざるを得ない。

また、そのような奇跡が日常茶飯なのであれば、世の中から「学習」という概念を消した方がいい。そう言い切れるほど、確かな知識を頭に叩き込むという努力なくして、確かなナレッジを勝ち取れることはない。

私たちビジネスマンは、「しかし、あの営業マンは、入社早々、企画書・提案書作成が抜群に上手かったので、その考え方はおかしいのでは？」と例外事例を誇張してはいけない。確かに、一般理論にあてはまらないスーパースターは、千人、万人に一人ぐらいはいるだろう。しかし、その例外を全体に適用してはならない。

私は、このような考え方を、〝例外誇張癖〟として、常に警告している。

商談ストーリーを学ぶ〝逆同行営業〟

企画書・提案書作成の能力を向上させるために有効な手段が、もう一つある。それは、ほとんどの営業関係者が気付いていない重要な手段だ。〝灯台下暗し〟という諺があるが、それほど身近なところにある。

営業マネジャーの同行営業だ。

同行営業こそ、企画書・提案書作成時間を減らし、営業量を増やし、受注件数も増やし、その上、商談の進め方（これこそが質の高い企画書・提案書作成の肝となる）を直接学ぶことができるという〝一石四鳥〟の手段と言える。

但（ただ）し、みなさんが想像する同行営業とは、ある意味、正反対のものでもある。一般的な同行営業とは、営業マネジャー、もしくは先輩が、営業マンの商談に同席し、あくまでも営業マン主体で商談を進め（営業マンが答えられないときは助け舟を出すのは当然だが）、商談終了後にアドバイスを行うことをいう。しかし、実は、その手法よりも効果的な同行営業のやり方がある。

それは、同行する営業マネジャー、もしくは先輩が、持てる営業能力を駆使して商談を進め、営業マンには、ずっと見させるだけ、という手法だ。

この手法は、特に二つの点において、実用的であり、優れている。

一つは、とても現実的なことだが、より営業能力の高い人が営業を行うので、案件の進捗率が高まるということだ。この手法による同行営業の考え方に対して、中には、部下の能力以上の成績を付けることになるという理由で好まない営業マネジャーがいるが、営業チームの最大限の取り組みを怠り、会社に損失を与える重大なマネジメント過失だということに気付かなければならない。

「部下の能力に見合わない成績を付けたくないので、私が営業すれば受注できることがわかっていましたが、あえてその権利を放棄しました」と言っているようなものだからだ。

受注できる可能性のある商談を受注しようとしない――。私は、このような行為を〝取りこぼし〟と名付け、常に重要課題としてレクチャーしている。

営業は、一人で戦っているのではない。チームで戦っていることを忘れるべきではない。

このことを理解できない営業マネジャーに限って、失注した時に部下を叱りつける。部下を叱りつける前に、「マネジャー自身がチームの一員として貢献できることがなかったのか」ということを常に自問自答すべきなのだ。

次に、二つ目の理由として、営業という働き方の最大の欠点をカバーできることが挙げられる。最大の欠点とは、〝できる営業マン〟の仕事現場を直接見ることができない、ということなのだ。営業は、「いってきます！」と外に出て、その〝本業〟が始まる。大抵、一人で行動だ。常時二人三脚で営業するというスタイルの営業部もあるが、ごくわずかだ。営業以外の職種の人は、内勤が多いということもあるが、同じチーム内の人の働く姿をいつでも見ることができる。この違いは、決定的な課題を生む。

それは、商談の組み立て方を現場で教えてくれる人がいない、という仕事スタイルになっている、という課題だ。研修や教材でどれだけ学んでも、人間対人間が相対する商談という現場での〝感覚〟は、独学になってしまうということを意味する。営業が他の仕事以上に〝センス〟を気にしなければならないのは、このような背景があることを忘れてはならない。

この最大の欠点をカバーする手段が、長年の営業コンサルティング経験で確信を得た〝逆同行営業〟とでもいうべきスタイルとなる。つまり、営業マネジャーが同席するのではなく、営業マンが同席するのだ。そうすることで、最大の欠点である「商談現場を学べない」という課題が解消される。もちろん、数回見ただけでは学び取ることはできない。しかし、数十回、数百回と見ることができれば、これ以上の教育はない。

その結果、商談の進め方が上手くなる。それは、同時に、企画書・提案書作成能力も向上することを意味する。なぜなら、優秀な商談ストーリーをイメージできることが、企画書・提案書作成にとって重要なスキルだからだ。

第３章

Karte.3

腑に落ちないことはやらない、という病

だから御社営業部は変わらない

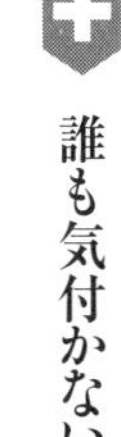

誰も気付かない成長を奪う病

講演が終わって時間があるときは、名刺交換に応じることがよくある。単に名刺交換だけの人もいれば、感想を述べながら名刺交換する人もいる。その感想の中に、「本日のお話は、本当に腑に落ちました。私どもの営業部でも早速実践してみたいと思います」という内容のものが結構ある。この感想は、日本語としては正しいが、実は、内容としては間違っている。どこが間違っているのか、みなさんはわかりますか?

まずは、その答えにたどり着くための重要な考え方を説明する事例として、あるクライアントの営業マネジャーからの相談内容を紹介する。

「藤本さん、先月教えていただいた企画書・提案書作成の件で質問があります。

私の営業チームは、営業プロセス活動分析結果にある通り、営業フライト時間の一人一日平均が九二分、企画書・提案書作成時間の一人一日平均が一一六分と逆転現象を起こしているので、早速、企画書・提案書作成の中止を命じ、私が選んだ比較的優秀な企画書・提案書をベースに修正時間三〇分以内を目標にして、その分空いた時間を営業フライト時間に充てるように指示しました。

当初三日間ぐらいは、部下たちも言われた通りにしていたのですが、その後、結局元の状態に戻ってしまいました。営業会議で、継続できない理由を尋ねると、『優秀な企画書・提案書を真似して使ったほうが企画書・提案書作成能力が向上するという考え方が、どうしても腑に落ちません。どう考えても、苦労しながら企画書・提案書を自ら考え、試行錯誤を繰り返しながら作成したほうが、作成能力も向上すると思うのです』と何名かに言われました。

実は、私もまだ腑に落ちていないので、自信を持って、言われた通りにやりなさい、と言い切れませんでした。その結果、企画書・提案書作成時間は減っておらず、また、営業フライト時間もそれほど増えていません。申し訳ございません」

「申し訳ございません」と営業コンサルタントに謝る必要はないので、最後の言葉は余分だが、このような似たやり取りは、よくある。

営業マネジャーの言葉の中で気になる箇所は何点かあるのだが、ここでフォーカスしたいのは、「腑に落ちないからやらない」という考え方だ。

広辞苑を引くと、「腑に落ちない」という言葉の意味は、「合点がいかない」「納得できない」とある。つまり、教えられたことが理解できないとやらない、ということなのだ。

一般的には、この考え方は正しいとされ、理解できるまで教え続けることが重要だと思われている。私は、この発想が間違いだということをサラリーマンの頃から気付いていた。

私が現役の営業マンだった頃の話

少しサラリーマン時代の話に花を咲かせたいと思うが、お付き合い願いたい。

当時の私は、いま以上に猛烈に働いていたかもしれない。そのきっかけは、私の負けん気の強さだ。

一九八六年、現在ジャスダック上場の株式会社ＵＳＥＮに入社した。入社当時の営業マンの数は、約一五〇〇名。当時は全営業マンの成績順位が発表されていた。いまのようにパソコンがまだ普及していない時代だったので、各営業部に全営業マンの成績順位表が、毎月一冊配布されてきた。なぜ一冊という表現を使うかというと、約一五〇〇名全員の氏名が成績順位で並んでいたので、何十ページになったのだ。

私の入社一か月目の成績が、後ろから数えて二番目、つまりゴルフでいうところのブービー賞というもので、一四〇〇位台（同じ成績の人が何十人といたのでこれぐらいの順位だったと記憶）だったことを、いまでも鮮明に覚えている。この一覧表を見た瞬間に、多分私の眼はアニメ『巨人の星』の主人公である星飛雄馬(ひゅうま)並みに燃えていたと思われる。入社初月から活躍できるとは思っていなかったので、そのことで眼に火が付いたのではなく、最下位間際に名前を連ねる恥ずかしさに火が付いたのだ。

私は、この恥ずかしさから脱出するために、一年以内に、一度は全国一位を取るということを目標においた。もちろん本気で考えていた訳ではなく、強く気合を入れるために高めの目標を設定したのだ。

さて、目標を持ったのはいいが、どうしたらよいものか。一般にいうところの戦略と戦術を決めるため、頭をフル回転させた。そこで考え出した作戦が、先輩たちの長年の営業ノウハウを半年で習得しよう、ということだった。具体的に実行したことは、とにかく先輩たちの真似をすることだった。それは、行動も考え方も、である。もちろん、サボるとか明らかに参考にならないことまでは真似しなかったが。

私が所属していた営業部は、他の営業部と同居していたので、他部署の営業マンの動きもつぶさに観察した。いろいろとヒアリングもした。

そのときに思った。「腑に落ちないことだらけだ」と。

そして、次のように考えた。腑に落ちないという事案は、私のほうにそれを理解するだけの知識がないだけで、それを否定していったら、覚えることがなくなってしまうし、これ以上成長しないだろう。逆に、腑に落ちるという事案については、理解できているということだから、いままでわかっていてやらなかった自分自身の未熟さを反省すべきだ、と。

「腑に落ちないこと」に成長の糧がある

そのような姿勢で営業していたら、二か月目ぐらいから徐々に変化が表れてきた。腑に落ちなかったことを真似していると、商談が上手くいくようになってきた。そのようなことを何度か繰り返し、結果が出てくると、腑に落ちなかったことが、急に理解できるようになってきたのだ。

そのような経験を繰り返すことで、次のことが明確になった。

腑に落ちることでまだ実行していないことがあったなら、自分の愚鈍さを反省すべきであり、腑に落ちないことを教えられたら、それこそ成長の糧になる最も大切な真似るべきことである、と。

私の営業結果は、入社七か月目で目標を達成した。一五〇〇名のトップに躍り出たのだ。それ以降、五年後に専任マネジャーになるまで、五年間の通算累計成績でトップの座を明け渡すことはなかった。

私が、いまこうして営業コンサルティング事業に携わることができているのは、この考え方に早くから行きついたためであろう。

思い出話を書いていると、腑に落ちないことこそ真似る発想が思考能力をも成長させる例をもう一つ思い出した。

入社三、四年目の頃、USEN放送のチャンネル数は、業界トップの四四〇チャンネルあった。二番手の同業他社が一〇〇チャンネルであったので、その差は歴然としていた。しかし、ここでも「量より質」ではないかという議論が沸き上がっていた。いろいろと社内の声を集めてみると、多チャンネル化は、創業者である社長の強い意向なので社員は従っているが、心の中では、もっとチャンネル数を減らして、その分、一つ一つのチャンネル内容の質を充実すべきだ、と思っている人がほとんどだった。

当時、社長の長男が在籍（実際に二代目を就任したのは次男）しており、彼が相当勇気を振り絞り、長男を中心とした若手五、六名が社長を招いて、社長に意見を伝える会議を開いた。私もそこに参加したのだが、長男が代表して「量より質」の意見を具申した。他の若手も賛同の意を表すなか、私だけが「四四〇チャンネルを減らすべきではない」と意見した。正確に言うと、長男との事前調整会議のときから、一人で反対意見を主張していた。

その理由は、「ここまで会社を大きくした社長のチャンネル数を重要視する考え方は、いまはわからないが、きっと正しい。それを吸収したい」と考えていたからだ。

会議そのものは、社長の一喝であっけなく終わった。また、私は社長にゴマを擂ったように周りから見られ、立場が悪くなりかけた。と、いいことはなかったのだが、その後、私も成長するにしたがって、チャンネル数のことだけでなく社長の思考がほぼすべて理解できるようになったことは大きい。将来予測がかなりの確率で当たり出すようになった。

その後、「チャンネルの多さが総合的な質を作る。四四〇チャンネルでは少ない。もっとチャンネルを増やさなければならない」という意見を強く言うようになり、「二〇〇〇チャンネル構想」の推進責任者として、社長の肝いりで準備したことを思い出す。社長の死去によって実現されなかったが、二〇〇〇チャンネルになっていれば……、と考えるだけでもいい思い出だ。

営業改革が成功する営業部に共通する話

多くのクライアントで営業改革を手掛けた結果、明確に判明していることがある。それは、現状路線の延長線上の部分修正では成功しないということだ。

むしろ現状路線の延長線上にあってはならない。現状路線とは一線を画した非連続路線の考え方が必要となる。

そうすると、当の営業マネジャーや営業プレイヤーにとっては、腑に落ちない戦略、戦術が続出することになる。営業の分野に限らず、どの分野でも改革に対しては、総論賛成、各論反対となりやすい。その理由は、実際の戦術に落とされたときに、直接自分に関わることで腑に落ちないことが出てくると、「やっぱり反対」となってしまうからだ。

改革は、腑に落ちないことの連続だが、腑に落ちないことこそ成長の糧という概念を信じて、現状路線の大幅見直しを断行できる営業部が成功する。

私の経験則でいうと、部下に腑に落ちないことを実行させるのは、責任者側に、強いリーダーシップがいる。軸がブレない精神力もいる。

それらすべてのことを乗り越えることができた営業部だけが改革に成功する。そして、改革に成功したら、腑に落ちなかったことが、急に落ちるようになってくる。

ここまでのことが結果論として、既に判明している。考え方の違い、という次元で済ませる話ではない。いままで腑に落ちない、ということで取り組んでこなかったことを思い出し、取り組み直すべきだ。誰もが理解できるものには、既に成長の余地がない。

だからこそ、私は次のように考えている。

「来月から、一八一日二四〇分の営業フライト時間を目標に設定することが重要だということを提言する」とクライアントに投げかけ、「それは無理です」という返事を聞くたびに、「この目標は正しい」と。

第４章

Karte.4

悪性ウイルス、という病

営業部にはびこる
３種類の危険因子

人は感情に左右される動物

二〇一四年、人間の優しさにゾウが泣いたという感動的なニュースが放送された。

インド北部のマトゥラーという町で五〇年も鎖に繋がれ、人間に虐待を受け続け、平均五トンあるはずの体重が半分しかなく、野生動物の救助活動に取り組む団体、ワイルドライフSOSが到着したときには、営養失調に陥っていた。その団体が助け出したとき、ラジュという名のゾウは、両目から涙を流した。この動画は、動画共有サイト「ユーチューブ」に掲載され、インターネット上で大きな話題となった。

ゾウを虐待したのも人間、救出したのも人間、そのニュースを見て感動したのも人間。人間は、動物だけではなく他人をも傷付けられる悪魔になることができる一方、動物や他人を助ける天使になることもできる。善悪二面性の中で、人は社会と関わり合い生きている。

特に、会社という組織の中で生きている私たちは、人間関係の感情の坩堝（るつぼ）の中で、〝私〟という個人の生きる場所を求めて、誰もが精一杯に頑張っている。と同時に、必死にもがき苦しんでいる。

人間がどれだけ理知的に進化していこうと、組織運営のナレッジ・マネジメントが浸透しようと、最後は人の心がすべてを左右する。営業部の健康状態も然り。

営業部を再起不能の重病に陥らせる最大の原因は、営業マンの知識不足でも、商品力不足でも、ましてや市場環境の悪化でもない。

それは、悪性ウイルスの蔓延だ。

営業部の悪性ウイルスは、人間のそれと同じで、正常な機能を恐ろしい勢いで蝕んでいく。人間の悪性ウイルスの治療法で有効な手段は早期発見であるように、営業部も悪性ウイルスの早期発見に心掛けなければならない。早期発見をして、速やかに取り除く。これ以外に、確かな治療法はないのだが、営業部の悪性ウイルスは、人間自身であるところに治療の難しさがある。

人間自身が悪性ウイルスになるとは、どういうことなのか。デリケートな問題を大胆に論じたい。

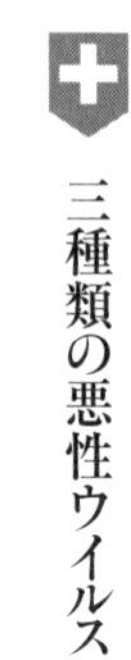

三種類の悪性ウイルス

営業部の悪性ウイルスは、主に三つに整理できる。

①会社・上司批判ウイルス
②同僚悪口ウイルス
③サボリウイルス

会社・上司批判ウイルスの蔓延速度が最も速い。また、その範囲も広範囲にわたる。この悪性ウイルスの典型的な症状は、自分の営業成績が悪いことを棚に上げて、会社のここが悪い、そこが悪い、と周りに聞こえるように言いまくることだ。

営業コンサルティング活動の一環で、クライアントの営業マンたちと一対一のヒアリングを行うことがある。営業量の少なさ、知識不足、指導したことを実行しない頑固さ、等々を指摘すると、素直に自己反省から入るのが一般的なのだが、一部の営業マンは、「他の部署が非協力的なので内勤作業をせざるを得ない」「会社の方針がコロコロ変わるのでついていけない」「私は企画部を希望したのに、その約束を反故にされた」「会社はワークライフバランスの推進に積極的でなく、残業を強制する」等々、挙げたらキリがないぐらい星の数ほど悪口が出てくる。

悪口を言いながらも、自分の責任範囲の仕事はきっちりとこなしているのであれば、組織に対する悪影響にはならないのだが、悪口を連発する営業マンの大半は、やることをやっていない。

真摯に耳を傾け、少しずつ解き解(ほぐ)してあげるのも治療法の一つだ。強いリーダーシップで仕事能力を厳しく鍛え上げ、営業成績を改善してあげることで会社に対する悪口を封じるのも治療法の一つだ。

しかし、営業マネジャーの大半は、そのような単体の悪性ウイルスをただ放置してしまう。最初は単体だった悪性ウイルスを放置しておくと、その悪口が聞こえている周りの営業マンたちも「そうなんだ。営業成績が悪いのは自分自身の問題だと思っていたけど、ほんとうは会社が悪いからなんだ」と同調するようになる。

会社を攻撃する癖のある人は、多数決に敏感である傾向が強い。実際には、十分の一ぐらいの同調者の数であっても、「ほとんどの人は、会社が悪いと言ってます」と強く主張する。時には、「会社が悪いと考えている人が過半数を超えているので、自分たちの主張は正しいのです」と勝利宣言まで行う。

上司への悪口もほとんど変わらない。新卒や中途採用者が、営業部に配属されて、いきなり上司の悪口を聞かされ続けたら、どういう気分になるだろうか、という配慮など一切ない。自分たちの正当性を証明するために、ひたすら多数派工作に熱心なだけだ。もちろん、自分が悪性ウイルスなどとは思いもしないことなので、熱心に蔓延活動を行ってしまう。

悪性ウイルスの蔓延は、このようにして引き起こされ、営業部は再起不能状態と言っていいほど、弱体化してしまう。

根強い同僚悪口ウイルス

次に、同僚悪口ウイルスについて説明する。

同僚悪口ウイルスは、なかなか早期発見ができないので始末に悪い。

二〇一〇年、群馬県桐生市の小学校で、小学六年生の女児が一年以上にもわたる執拗ないじめを苦にして自殺した事件があった。母親にプレゼントするために手編みしたマフラーで自分の首を吊って死亡したこともあり、多くの悲しみを誘った。

ここで誰もが疑問に思うのは、なぜ学校の先生が一年以上もいじめに気付かなかったのか、ということだ。女児は、何度も学校の先生に訴えた。しかし、「いじめというのはあなたの勘違いですよ」と言って、先生は取り合わなかった。

このようないじめによる子供の自殺という悲しい事件は、残念ながら毎年報道されている。このケースと違い、いじめられている本人が我慢強くて、心が折れる限界まで誰にも相談しないので、先生も両親も誰も気付かないというケースも多い。但し、周りの子供たちは、知っている。

訴えても、我慢しても、いじめの悲劇は繰り返される。

同僚悪口ウイルスは、いじめの構造に似ている。

動機は、ライバル心から、何となく気に喰わないから、誘いを断ったから、などたわいもないことが多い。しかし、その結果は、甚大な被害をもたらす。特に、営業成績が優れている営業マンがいじめの対象になっている場合は、会社の業績に影響を与える。最悪、会社の将来性にも影響を与える。

実際に、優秀な営業マンは、同僚悪口ウイルスという悪性ウイルスから攻撃されることが多い。本人がどれだけ謙虚に振る舞っても、偉ぶって見えてしまうからだ。また、優秀ということは、仕事が忙しく、商談で外出していることも多く、同僚の飲み会にもすべて出ることができなかったりする。そういう状態になると、どうしても孤高の人というイメージがついてしまい、あまり気配りが上手でなければ、いじめの対象になりやすい。

上司に訴えても、「あなたも悪いところがあるのではないだろうか」と取り合ってくれない。喧嘩両成敗が徒（あだ）となるパターンだ。また、同僚悪口ウイルスは、他人に侵蝕するだけあって、自分が攻撃されることには敏感だ。それを事前に防御するため、上司に取り入る術は心得ている。したがって、上司に訴えても、尚更取り合ってくれない。

私は、空想を書いているのではない。繰り返されてきた経験則を書いている。私の文章を読んで、「まさか」と思った人は、いじめに気付かない学校の先生と同じだ。

同僚悪口ウイルスがもたらす結末の多くは、いじめられた営業マンの退職という結果を招く。いじめにあった子供たちが学校の先生や親すら取り合ってくれない現実、誰も気付いてくれない現実、誰も助けてくれない現実、などに孤独感を抱き絶望するように、大人になった営業マンですら、最も大切な感情が打ち砕かれ逃避する道を選ぶ。こんなに悲しい結末はない。ましてや、将来の有望株であったなら、その損失は計り知れない。

私は、子供の頃から一貫して心掛けてきたことがある。他人の悪口は決して言わない、ということだ。社会人になってからも続けた。私と一緒の学校だったり、一緒に働いたりした人が本書を読んだら、ようやくそのことに気付いてもらえるかもしれない。「そういえば、そうだったかな」と。

人の悪口を言わない、ということは、実はそれほど印象の薄いことなのかもしれない。それがこの問題を迷宮入りさせている。一般的には、悪口は留飲を下げる清涼剤の役割を果たしていることを否定できない。

私が起業した頃、就業規則に悪口禁止条項を入れた。同僚の悪口を言った場合は、相応の罰則を受ける、というものだ。入社するときは、みな「素晴らしい規則です」と言うのだが、実際には効果がなかった。悪口を好む（特に聞くことを）人のほうが多い、ということだ。それほど、この問題は根深い。

三つ目のサボリウイルスは、他の二つのウイルスほどの影響はないが、悪性ウイルスであることに間違いない。

営業という仕事の特殊性は、最も重要な業務である〝商談〟のほとんどが単独行動なので、誰にも見られていないというところにある。また、商談の前後をサンドイッチする移動中も同じだ。サボリは、単独行動のときに生じる。

先に断っておくが、サボリすべてが悪性ウイルスだと指摘しているのではない。ちょっとしたウィンドウショッピングやコーヒーブレイクの時間を取って、ストレスの緩和を図ることが必要なときもあるだろう。内勤業務で喫煙のために席を立つときもあるだろう。ここで問題視しているのは、自分に与えられた目標達成に悪影響を与えるほどのサボリ状態かどうか、ということになる。

新規開拓営業しかない営業部の場合、サボっていると、営業量と案件数のバランスが極度に悪くなるのでわかりやすいが、ルート営業がメインの営業部の場合、発見が難しい。商談しなくても追加発注や在庫補充発注などで営業数字が動くので、営業マンがウソ報告をする限りは、見極められないからだ。

そして、ウイルスは、やはりウイルスだ。いつの間にか蔓延する危険な病原菌であることを忘れてはならない。

悪性ウイルス蔓延の対策

悪性ウイルスに共通することは、自己反省がないことだ。常に自分を正当化する。特に、会社や上司を批判する営業マン、同僚の悪口を言う営業マンは、自分の正しさを主張したいという心理の表れがそうさせているので根が深いと言える。

このような悪性ウイルスには、〝our way〟という発想ではなく、〝my way〟しかない（多数派であることを主張するときだけ〝our way〟と言えなくもないが）。その考え方の中には、営業部という組織を構成している一員という自覚がなく、チームワークを大切にするという概念もない。

問題はいじめに対する学校の先生や生徒と同じで、悪性ウイルスを放置しているということだ。これは、チームメンバーの一人一人の問題でもあり、営業マネジャーの問題でもある。

さて、悪性ウイルス蔓延の決定的な対策はない。実際のウイルス対策と同様に、早期発見による予防と対症療法的な薬剤投与しかない。

そのような現状において、決定的ではないが効果的な対策はある。残念ながら本人の自浄努力に求めるのではなく、営業マネジャーにその役割を求める。

先ほど書いた通り、悪性ウイルスになってしまう深層心理は、「自分は悪くない、悪いのは会社、上司、周りの人だ」と考え、自分を正当化しようとするところから始まる。したがって、その点に活路を見出す。一人でも多くの営業マンが会社に役立つ戦力として認められるように、効果あるマネジメントを行う。これに尽きる。

営業部の効果あるマネジメントは、私の経験則に照らし合わせると、ほぼ判明している。

①営業プロセス活動分析を行い、営業フライト時間の確保と適正な業務バランスに努める…34頁
②日中は同行営業に費やす…１２６頁
③一：一ミーティングを日々行う…１１４頁
④営業マニュアルを作成し、ナレッジの共有化を継続する…１０６頁
⑤部下に関心を持ち、モチベーションケアに努める…２０４頁

営業マネジャーが、これら五つのマネジメント対策を実行すれば、営業マンたちの業績は、間違いなく向上する。仕事に対する姿勢が人によって違うので我慢合戦になることも多いが、諦めることなく部下一人一人の成長を真剣に考えれば、営業部が健康状態を取り戻せる可能性は大きくなる。

なお、これら五つのマネジメント対策は、それぞれのページで詳しく説明しているので、時間があるときに何度も読み返していただきたい。また、みなさんが営業プレイヤーであっても、いずれは営業マネジャーになることを想定し、予習しておくことをお薦めする（他の営業マネジャーに関する記述のページすべて）。

知能を有した地上の生きものとして

第4章の原稿はここまで書いて虚しさだけが残った。読者のみなさんも同じ思いだろう。私は、ツイッター、ブログ、フェイスブックなど、SNS関連はやらない（フェイスブックのメッセージだけはメール代わりに使っているが）。また、ネットサーフィンもほとんどやらない。時間の確保がなかなかできないこともあるが、誹謗中傷など、読むに堪えないコンテンツで溢れていることが最大の理由だ。

私の知人から、あるとき連絡がきた。私の著書について許せないような誹謗中傷の書き込みがネットに上がっているぞ、というものだ。読んだ感想は、「くだらん」ということに尽きる。書かれている内容が事実や参考になることであれば、無記名でネットに上げるという態度は卑怯極まりなくても、その内容を参考にして改善することもできる。しかし、明らかな戯言（たわごと）を読むことに、少しでも時間を割いてしまったもったいなさを後悔するだけだった。それ以降、無駄なことはしなくなった。

　無記名やネットネームという仮面の下、他人の誹謗中傷を書き込むことで自分を正当化する人は、人と人との繋がりをどのように考えているのであろう。相手を傷つけて面白いのだろうか。意見があるなら、直接、実名で本人に伝えるべきであり、仮面をかぶらなければ言えない意見は、犬の遠吠え以下と心得るべきだ。

　原稿を書きながら、このようなことを考えていると、ふと、人間を意味する〝human〟の語源を思い出した。

　元々は、ラテン語の〝humanus〟から派生し、〝hu〟とは、地上を表し、〝man〟とは、知能を有する者を表す。つまり、「地上における知能を有する者＝人間」となる。聖書の創世記に、「神は、天地創造の六日目に土から人間を創った」とあり、天空に存在する〝神〟に対比させる言葉となっている。

さて、私たちは〝知能を有する者〟と胸を張れるのだろうか、と考えることがある。

人は社会の中でもたれ合って生きている。社会が壊れてしまったら、人は生きていけない。自分を正当化するために、自分以外の人や組織を攻撃し、傷付ける言動は、〝human〟であることを否定することに等しい。

人間関係論を専門としている心理学者、米ワシントン大学のジョン・ゴットマン（John Gottman）名誉教授が、人間関係を壊す四つの感情表現を挙げている。

①批判（Criticism）
②自己防衛（Defensiveness）
③拒絶（Stonewalling）
④侮辱（Contempt）

私たちが、〝human〟であり続けるために、人と人の持たれ合いである社会を壊さないために、心で読み解くべき言葉ではないだろうか。

第5章

Karte.5

外堀会話と慢性言い訳、という病

真実をうやむやにする癖は解決策を生まない

〃外堀（そとぼり）会話〃が好きな日本人

「○○部長、A社の商談は受注間違いなしと言っていたのに、なぜ失敗したのかね。説明してみなさい！」

「社長、A社の△△役員とは、昔から深い付き合いをしておりまして、私は彼を信頼していますし、彼も私を信頼していると思います。A社は、先日の株主総会で新たな財務担当役員が就任したのですが、どうも彼との折り合いが悪い様子で、予算取りの社内調整に時間が掛かっているとのことです。ですので、今回は失敗というよりも仕切り直し、ということだそうですので、彼を信じて待っているところです」

「馬鹿者！　失敗を仕切り直しと言い換えても失注は失注だ。そんな言い訳を聞きたいのではなく本当に予算の問題なのかどうかを知りたいのだ。私の摑んだ情報によると、最近、ライバル社であるB社の役員が、頻繁に訪問しているらしい。実際、どうなのだ」

「B社の新サービスは私もチェックしているのですが、帯に短し襷（たすき）に長しという感じでもう一つインパクトを感じませんでした。それに比べて当社の新サービスは、いろいろな会社で評判を呼んでおり、さすが御社は目の付け所が違うと褒められることが多く、市場の反響は上々です。そのような状況ですので、あまりB社の動きに敏感にならなくても大丈夫かと存じますが……」

「質問に答えろ！　要するにB社の動きを把握していないということだな！　失注の理由も先方の言うことを鵜呑みにしているだけだな！」

第三者として文章を読んでいるみなさんは、○○部長が社長の質問にストレートに答えず、何となく言い訳を言いながら直接答えることを回避している雰囲気が読み取れたのではないだろうか。

私は、このような「何となく言い訳を言いながら直接の答えを回避する」喋り方を〝外堀会話〟と呼んでいる。この外堀会話は、日本の企業の中で蔓延していると実感している。お客様との会話、社内での会話、至る所で質問に直接答えない会話に遭遇するからだ（実際に日本だけではなく海外でも同じなのかもしれないが、私の数少ない海外でのミーティング経験では「Why? と聞かれたら Because、Is it ～? と聞かれたら Yes（or No）」とストレートなキャッチボールだった記憶が鮮明に残っている）。

ところが、みなさんが当事者として社内やお客様と会話をしているときはどうだろうか。外堀会話になっていない自信があるだろうか。

「〇〇部長、A社の商談は受注間違いなしと言っていたのに、なぜ失敗したのかね。説明してみなさい！」と聞かれたら、「予算に合わないと先方から言われましたが、それ以上の情報は摑んでおりません」と真っ先に答えるのが正しい。

また、ライバル社の噂について「真実はどうだ？」と聞かれたら、〇〇部長は把握していなかったのだから、「その情報は把握していません」と素直に答えるのが正しい。その後、「社長はどなたからその情報を入手しましたか？」と尋ねてもよいし、「至急、調べてみます」と次の一手を示してもよい。

〝返球会話〟が苦手な理由

このように、質問に対してテンポよく返事するやり取りを〝返球会話〟と呼ぶことにしている。私たちが返球会話を苦手にしている原因は、悪い情報をストレートに伝えることを先送りしたい、という意識が強いからだ。

あるクライアントで、外堀会話防止策のレクチャーをしたとき、面白い意見が出たことがある。

「弊社の社長に直接答えを返したら、倍返しになって怒られるので、わざと関係のない話から切り出すようにしているのです。そして社長の反応を窺いながら答えを言うタイミングを見計らっているのです」

この考え方は正しそうで、正しくない。答えるタイミングで怒られることが回避できるという考え方は幻想に過ぎない。どれだけ外堀から話を切り出したとしても、質問の答えをどこかで出さなければならない。単に先延ばしをして逃げ回っているだけだ。返球会話をすれば、社長に怒られたとしても次のアドバイスや指示が速やかに出されるかもしれない。しかし、長々と逃げ回った挙句に答えを出したら、怒りが倍増するだけだ。日頃からそのように逃げ回って、怒り倍増の社長の姿しか見ないから、悪い答えをすぐに言ったら怒られると錯覚しているだけだ。

先述した私のサラリーマン時代に面白いエピソードがある。

USENの創業社長は、カリスマがあり、短気で知られていた。したがって、社長から呼ばれるとき以外は、みな社長室に入るのを避けていた。当時、本社六階のど真ん中に社長室が位置し、二つある社長室のドアが常に開いていた。社長にその理由を聞いたことがあるのだが、いつでも社員が入れるように、ということだった。ところが、社員にとっては、それが逆効果だった。

六階の北側から南側に移動するとき、社長に呼び止められるとまずい案件を持っている社員は、北側の階段から五階に降りて、五階のフロアを縦断してもう一度六階に上がるという、いま考えるとコメディを見ているような滑稽な光景が繰り返されていた。

大型案件や商品開発の相談を社長とすることが多かった私は、その接する機会の多さにもかかわらず、幸か不幸か直接怒られたことがなかった。したがって、当初は噂と現実のギャップを感じていたのだが、徐々にその謎が解けた。

社長室に入ることが多かった私は、いろいろな幹部が社長に報告する現場に居合わせることが多かった。そこでわかったことは、外堀会話をする人には、確かに短気な面があった社長は必ず怒り出すということだった。しかし、返球会話をする人には、ほぼ怒らなかった。

それよりも、もっとわかったことは、悪い答えの場合は、ほとんどが外堀会話になるという事実だ。逆に、良い答えの場合は、ほとんどが返球会話になる。

実際に、難儀していた大型案件が受注になった直後に、社長に報告する際、「苦労していたあの案件はどうなったのだ」と聞かれて、「C社の□□部長とは、昔から深い付き合いをしておりまして……」と外堀会話から話し出す愚かな社員はいない。必ず、「（先ほど連絡があり）受注しました！」とストレートの返球会話になる。

結局は、それだけのことだ。怒りを先送りしたいという気持ちが、外堀会話を生んでいるだけで、引き延ばした分だけ怒りも増幅するという感情の流れを冷静に摑み取らなければならない。

言い訳は永遠の流行語大賞

外堀会話と同じぐらい拡散してしまっている病は、言い訳だ。

指示したことができていないことを指摘すると、ほとんどの人が、できない理由を先に並べる。不思議なぐらい「私のミスです」と反省するところから解決策を見出そうとする人は少ない。それよりも「できないことを正当化する」ことに熱心になる。人は所詮、自分の正当化しかしない自己中心的な動物だという思いが、頭を過ぎる瞬間だ。

例えば、営業フライト時間が少ないことを営業マンに指摘すると、「社内の関連部署の仕事が遅く、社内打ち合わせが多くならざるを得なくて外出できません」「この業界は、ただ数多く商談しても意味がなく、提案書こそ命なので、提案書作成に時間を多く割くのは必然なのです」「社内書類が多く、それを処理するだけでも大変なのです」「私なりに頑張っていますが、これが限界です」等々、言い訳ばかりで、「どうすれば営業フライト時間を増やすことができるのか」ということを考えようとすらしない。

その結果、いつまで経っても変化がないどころか進化もない。

言い訳はなぜダメなのか。どのような事態を招くのか。その答えは、三つある。

①真実がわからなくなる
②同じミスを繰り返す
③悪性ウイルスになる可能性がある

言い訳は、なぜ真実を隠すのか。

言い訳は、思考を停止させるからだ。言い訳の本性は責任転嫁であり、自分自身が悪いのではなく、他に原因があるとするところから始まる。しかも、他の原因は、自分自身の力の及ぶところにないとすることで、他の原因を追究することはない。結果的に、何も変わらず、現状維持を肯定することになる。

本来は、できない理由があるはずだ。それは複数あるかもしれない。幾つあろうと、その中の一つは、必ず、自分自身の何らかの至らぬ点に関わる真実に目を向けなければならない。なぜなら、自分以外のことが変化するかどうかは、コントロールの及ばぬところであるが、自分自身のことだけは、自分の意思次第で変化を起こすことができるからだ。

つまり、進化とは、自分自身から変えることに他ならない。したがって、できない理由は、必ず、自分自身の変化できていない部分を鋭く抉ることで見つけなければならない。

自分自身以外に目を向けた瞬間に、真実は砂上の楼閣となり消える。

その結果、同じミスを繰り返すようになる。自分自身にできない理由を求めないということは、自己改善をしないことに等しい。言い訳はその場限りの取り繕いに過ぎず、結局は、自分自身のためにならない。

三つ目の「悪性ウイルスになる可能性がある」というのは、考えようによっては恐ろしい発想だ。本人は、責任をどこかに転嫁したくて、ついつい言い訳をしてしまっているだけなのに、それが悪性ウイルスに結びつくとは考えてもいないことだろう。

ここで思い出していただきたいのは、158頁で紹介したジョン・ゴットマン名誉教授の「人間関係を壊す4つの感情表現」だ。その一つに、「自己防衛」というものがあった。自ら悪性ウイルスになりたいと考える人は誰もいない。ただ、言い訳をすることで自己防衛をし続けていると、徐々に人間関係を壊すことに繋がってしまう、ということを頭に入れておくことだ。

5W3H1YN

学生時代、5W1Hの意味を学習しなかった人はいないと思う。受験勉強は社会人になってから役に立たない、と信じている人は多いが、その是非論は別として、5W1Hは、間違いなく役立つ。営業を仕事にしている人なら尚更だ。

例えば、報告書作り。何を書こうとしているのかサッパリわからない文章に出会うことが少なからずある。この場合、大抵は、5W1Hがしっかり書かれていない。発想を転換すれば、内容がわかりやすい文章を書きたいときは、5W1Hを明記すればいいということだ。

商談でも然り。そもそも商談能力が乏しい営業マンは、5W1Hに関する確認ができていない。

「今回予算が合わないいんだよな」と営業先の担当窓口。
「弊社も何とか努力しますので、そこを何とかしていただけませんでしょうか……」と営業マン。

よくある商談風景だが、この二文だけで営業マンの商談能力の低さがわかる。懇願する前に、やらなければならないことは山ほどある。そもそも、〝Ｗｈｏ〟の確認が抜けている。「予算が合わないとは、どなたのご判断でしょうか？」と確認することで、キーマンがクリアになり、予算が本当の理由かどうかを掴む足掛かりになる。つまり、相手方が答えてくれない場合も含めて、担当窓口の答える内容で、多くのシグナルが引き出されることになるのだ。

私は、営業現場でやり取りされやすい会話の実情に合わせて、５Ｗ１Ｈをベースにした５Ｗ３Ｈ１ＹＮの活用を推奨している。

①Who
②Why

③What
④When
⑤Where
⑥How
⑦How long
⑧How much
⑨Yes or No

いちいち語句説明をするまでもないだろう。

これら九つの視点を中心に商談を進めていけば、それほど致命的な情報漏れをしてしまうことはない。さて、ここまで読み進めて、5W3H1YNが言い訳とどのような関係があるのだろうかと気付いた人もいるだろう。まさしく、その通りで、ここまでは関係ない。関係あるのはこれからで、言い訳をしてしまう原因の一つ、「怒られるのを先送りしたい」という感情面については如何ともしがたいが、テクニカルに言い訳しない癖を付ける方法がある。

それが、5W3H1YNの活用だ。

私は、英語圏の人々が比較的クリアな会話ができるのは、質疑応答のしやすさが原因の一つだと昔から考えていた（他の外国語圏のことはわからないが）。それは、〝Is it ～〟で聞かれれば、〝Yes, it is〟か〝No, it isn't〟で答える。〝Why ～〟で聞かれれば、〝Because ～〟で答える。という具合に、とてもわかりやすい文法だからだ。

私たちは日本語を話しているのだが、この発想だけは適用すべきだ。お客様であろうが、社内であろうが、相手は何を知りたがっている質問なのか。「原因だ」「場所だ」「金額だ」「方法だ」「肯定か否定かの返事だ」等、ほとんどの質問が5W3H1YNの視点で行われていることを念頭におき応答する練習を繰り返すことが、言い訳をしなくなることに繋がる。

本章の病は、営業能力の形成にも強く影響するので、治療する努力を怠らないよう心掛けていただきたい。

第6章

Karte.6

打ち出の小槌を手放さない、という病

誰もが知ってる「楽々営業」の実態

営業能力と営業結果はリンクしない

この小見出しに、「えっ⁉」と驚いた人は多いと思う。特に、営業経験のない社長や経営幹部は。

営業当事者であれば、薄々気付いている人は多い。ルート営業に携わっている人は尚更だ。本当に努力している若手は、この小見出しが指摘しようとしている内容すら知っている。そして、その理不尽さにも。

営業という仕事は、奥が深い。

営業対象が、法人相手か個人宅相手かによって営業方法が変わる。

営業スタイルが、新規開拓営業かルート営業かによっても変わる。

営業形式が、直販営業か代理店営業かによっても変わる。

営業パターンが、訪問型かショールーム・イベント型かによっても変わる。

売るものが、商品かサービスかによっても変わる。

その他、挙げればキリがないが、本章では、その中でも、営業の根幹を左右する営業スタイルの違いによって生じる病状について詳しく説明していきたい。

新しく起業した会社は、取引先がないところから始まる。大企業の子会社は別だが、個人資本で立ち上げた会社の場合、潤沢に人件費がないので社長自らが営業マン役、もしくは、社員全員が営業マン役ということはよくある。その状況での営業スタイルは、新規開拓営業しかない。

創業企業の実に9割が三年以内で倒産すると言われているが、その分かれ道は、商品開発やサービス開発の出来不出来以上に、新規開拓営業の結果にかかっている。

無事に新規開拓営業に成功すれば、扱う商材にもよるが、大半の会社はルート営業という営業スタイルも加わる。ルート営業とは、ルートセールス、継続営業、御用聞きとも呼ばれるが、新規開拓で取り引きが始まった顧客の追加、拡販、補充などを目的として行う営業、及びエンドユーザーに対して代理で営業活動を行う代理店への営業を意味する。

ある程度、新規開拓で顧客を増やした結果、その後ルート営業顧客さえ摑んでおけば順調に業績が上がる商材を扱っている会社の場合は苦労しないのだが、情報化社会の真っ只中、安定的に経営ができる商材を扱う市場には必ず新規参入があり、ほとんどの会社は、新規開拓営業を怠ることはできない。

会社が伸び続けるか、踊り場を乗り切れずに右肩下がりになるか、この分かれ道は、新規開拓営業とルート営業の人材配分とマネジメントにかかっている。

これは、とても重要なポイントなのだが、このことに気付かず、何ら対策を講じていない会社が大半だ。

最も間違った人材配分とマネジメントは、新規開拓営業とルート営業をチーム内に混在させることから始まる。わかりやすく言うと、営業マンのほとんどが、ルート営業先を担当しながら新規開拓営業も担当するというスタイルだ。いままで、そのような営業部を数多く見てきたが、例外なく、新規開拓営業が疎かになっていた。

その理由は簡単で、ルート営業のほうが苦労が少ないので、ルート営業先からの受注がよほど不安定にならない限り、新規開拓営業の苦労に率先して取り組まなくなるからだ。その結果、歌を忘れたカナリアのように、営業能力の基本である〝商談能力〟が低下していくという恐ろしい病気に罹る。

そして、この病魔は、ブーメランのように戻り、ルート営業に対する商談力をも低下させる。

しかも、厄介なことは、強力なライバル会社が出現しなかったり、市場が極端に悪くならなかったりしない限り、起業離陸を乗り越え、安定飛行に入り、ある程度のルート営業先を確保した会社は、営業部が病気に蝕(むしば)まれてきている、ということになかなか気付かない。

実際の病気でもそうだが、自分は健康だと信じて、病気に気付かない人は一挙に倒れるように、会社も一瞬にして崩れる可能性が潜在していることになる。

ここからが小見出しと連動する部分だが、この病魔が浸蝕するのは、何も組織側の問題ばかりではない。内側からもその浸蝕エネルギーが強まる。

それは、営業努力をそれほどしなくてもある程度安定した受注があるルート営業先を、ベテラン営業マンが手放さないことから生じる。ベテラン営業マンは経験も豊富なので、新規開拓営業でこそ、そのナレッジが活かされるのだが、ルート営業先も担当することで、その経験則が封印されることになる。しかも、言葉を選ばず言うと、寝ていてもある程度営業結果が安定する〝打ち出の小槌〟のような顧客を担当しようものなら、ルート営業先の拡販を熱心に狙う努力すら忘れてしまう。

なぜ、このような事態が放置されるかというと、営業能力と営業結果がリンクしていると勘違いしているからだ。

打ち出の小槌を持っていれば、営業結果は良くなりやすい。その結果だけを見て、「ベテランはさすがに能力も豊かだ」と思い込み、「重要ルート先は、やっぱりベテランが担当するに限る。これで会社は安定する」と判断してしまう。

その結果、経験が豊かなベテラン営業マンが、実際にはそれほど能力の必要ないルート営業でその能力を錆び付かせてしまう。若手も、ベテランが打ち出の小槌による受注であっても、その結果数字だけから評価されているのを見て育つと、同じように、新規開拓営業で努力するより、ルート営業の受注にしがみ付くという習性が染み付いてしまう。

当然ながら、営業フライト時間に悪影響が出る。新規開拓営業とルート営業が混在している営業部の営業フライト時間が相対的に少ないのは、自明の理と言える。

この状態が、五年も一〇年も続くと、一万時間の営業経験をするのは定年退職後、と笑うに笑えない営業量しか確保できず、商談能力の確かな営業社員は誰も育たなくなってしまう。あとは、強力なライバル会社が出現しないのを祈るだけ、ということになる。

営業スタイルと商談能力の関係性

以上のことを改善するためには、営業能力に比例した評価体系に変える方法がよい。「受注した案件の難易度と営業能力は比例する」という考え方を反映して、営業結果の数字のみの単一評価をしない、ということになる。

言葉だけでは、私の意味することが伝わりにくいだろうから、図④（183頁）を用いて説明する。

営業スタイルは、図④の通り、ルート営業と新規開拓営業に大別され、ルート営業は三つ、新規開拓営業は二つのスタイルを有する。

スタイルAは、ルート営業の基本スタイルとなる。商材によって具体的な違いは生じるが、顧客側の都合で補充発注、定期発注がある。顧客の規模が大きければ、比例して補充発注、定期発注の取引額が大きくなりやすい。しかし、取引維持に対しては、同業他社から奪われないように注意を払わなければならないので、本来商談能力は重要なポイントなのだが、追加発注、定期発注が繰り返される間に努力する意識が薄くなり、その期間が長ければ長いほど危機意識が麻痺し、また、商談能力は劣化しているので、本当に黒船が来たときには、奪われることが多い。

その結果、営業能力と営業結果が最もリンクしないスタイルとなる。打ち出の小槌というのもこのスタイルを指す。

スタイルBは、顧客側からすると取引実績がある気軽さから、別商材や契約外の追加打診がきっかけとなる。この営業スタイルは、商談能力が乏しければ、「打診してみたが、説明もいまひとつピンとこないので、やっぱり考え直すか」となり、失注することがある。また、一社打診ではなく、複数社打診の場合もあるので、その場合も、商談能力によって受注率が明らかに変わる。

つまり、営業能力と営業結果はリンクする。但し、あくまでも受け身の営業なので、そのリンクは弱い。

図④ 営業スタイルと営業能力の関係性

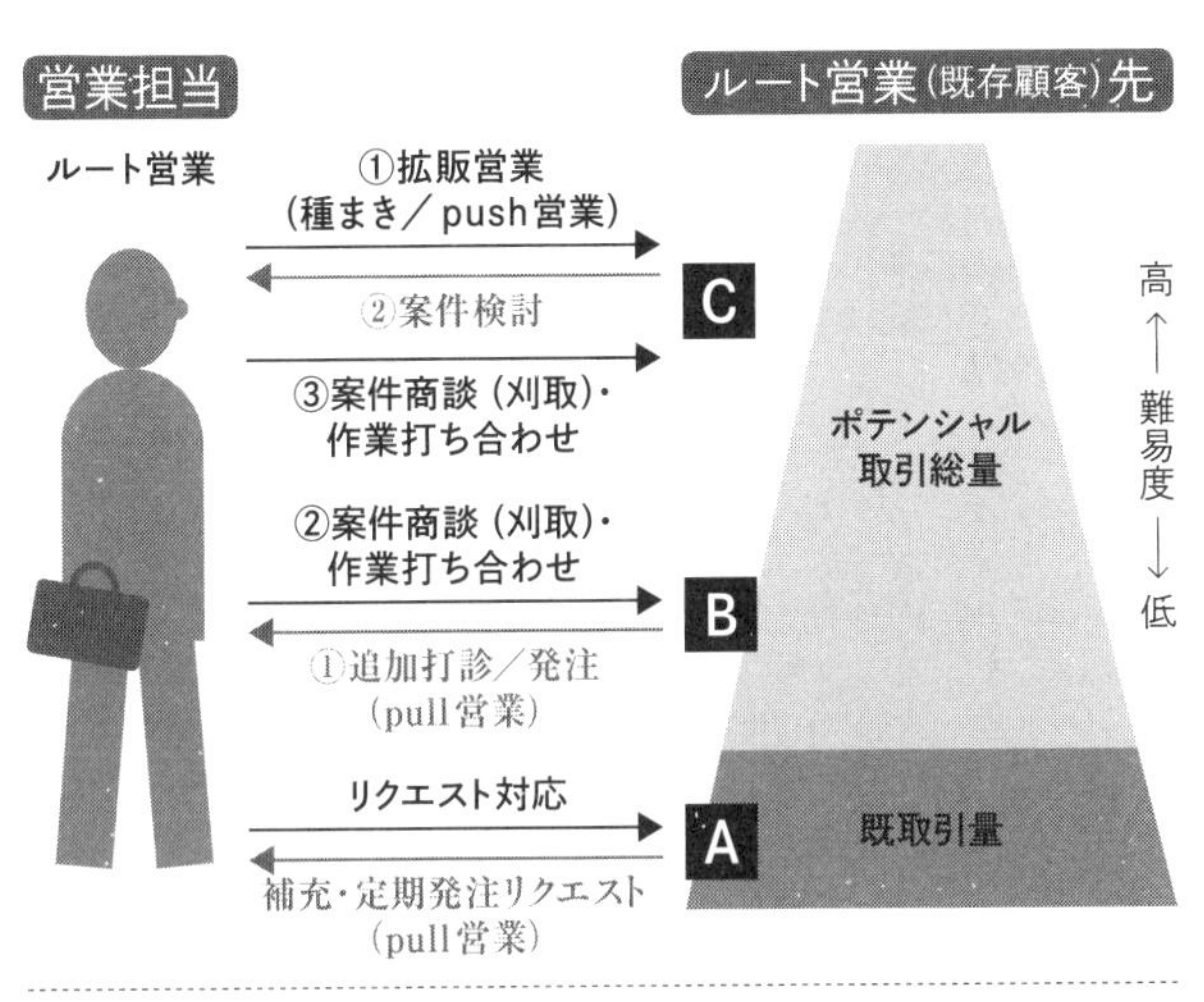

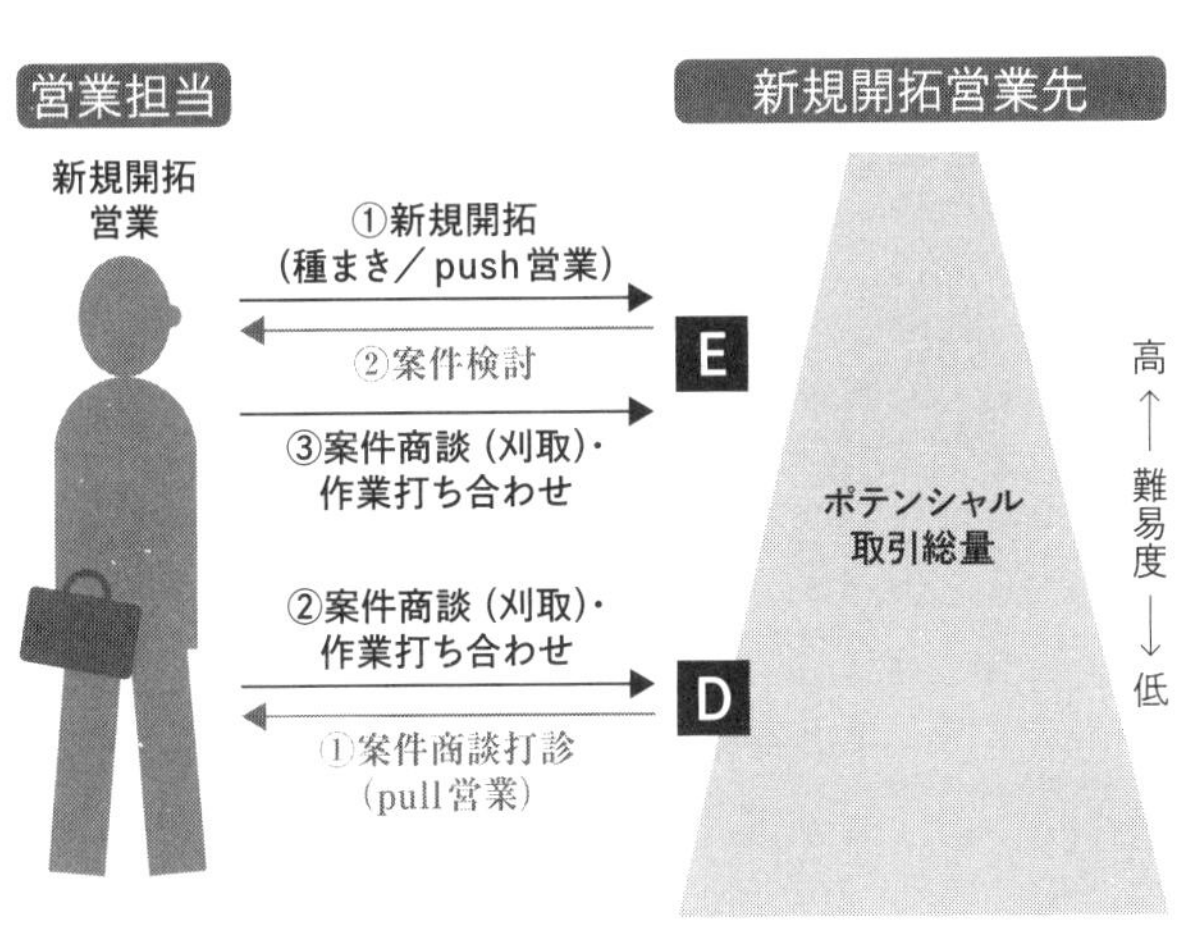

なお、このような顧客側から打診があって始まる営業を〝PULL営業〟と呼ぶ。

スタイルCは、ルート営業先といえども、営業側から積極的にアタック営業を行い、案件を掘り起こすことから始める。これを〝PUSH営業〟と呼び、高い商談能力が要求される。

残念ながら、スタイルCのPUSH営業は、営業結果の一律評価を行う会社においては、〝労多くして〟となり敬遠されることが多い。というか、このような営業を意識したこともない営業部が多い。特に、打ち出の小槌の営業結果だけで評価されている営業マンの場合は尚更だ。

なお、営業対象が代理店先の場合、スタイルCはより重要な意味をもつ。それは、営業窓口の拡大と新しい代理店の開拓という切り口だ。特に、営業窓口は代理店の総営業マンの約三〇パーセントにしか日頃接していないことが多く、この窓口拡大営業に注力するだけで売上増に繋がる。そのような営業部を数多く治療してきた。

ルート営業の中では、スタイルCの営業能力と営業結果が最もリンクする。

スタイルDは、商材力、もしくはブランド力がある程度市場に浸透すると発生しやすいもので、顧客側から営業要請があるスタイルだ。これもPULL営業の一種なので、営業能力と営業結果はリンクするが、PUSH営業ほどではない。

種蒔から刈取まで、最も総合的な商談能力を必要とするのは、PUSH営業の代表格であるスタイルEだ。新規開拓というのは、相手にニーズがあるのかないのかわからない状態からアタックを行い、ニーズ喚起、ネック解決を経て、クロージングに導く。前例主義が好きな社会において、お客様側は新規取引を行う決断をしなければならないので、ルート営業とは比較にならない苦労を伴う。

したがって、営業能力と営業結果が最もリンクする。

正しい営業評価は会社を救う

スタイルAからEまでの営業能力との関係性について詳しく説明したので、どのように評価体系を作るべきか、ということについては、貴社内の人事部など専門的な部署に任せるべきだが、とても営業臭の強い内容でもあったので、一般的な人事評価体系への組み入れ方が難しいケースが多い。

したがって、よくある参考事例を紹介する。

それは、ポイント制の導入だ。

まず手掛けることは、営業スタイルAと営業スタイルEの受注額に対する価値を何倍に設定するのか決める必要がある。例えば、十倍だとすると（商材や業界での位置付けなどが判断基準になるので十倍が正しいということを示唆しているのではない）、営業スタイルAの受注額百万円と営業スタイルEの受注額十万円が同ポイントになる。他のスタイルB、C、Dの価値をその範囲内で定めれば、基本が完成する。

その他の事例として、受注額ではなく、目標達成率、前年比率を評価基準にしている営業部であれば、スタイル別の目標値を設定し、それぞれの達成率で評価するという方式がある。その場合、スタイル毎の重要度合いのポイント換算ルールを決めておかなければならないことはいうまでもない。

また、受注額と達成率の混在評価という形式もある。

重要なことは、打ち出の小槌だけで営業結果が潤っている営業マンを評価し過ぎることで、営業フライト時間を軽視するようになり、その結果、商談能力が低下してしまうことを防ぐことが目的だということだ。

よくある問題に、一度契約すれば定期的な自動受注が生じる新規開拓取引先のポイントの設計判断がある。例えば、コンビニエンスストアなどチェーン店を営業先にする業界などによく生じるのだが、契約したときが二千店舗であったら、二千店舗の売上額は、スタイルEとしてのポイントにカウントされるのは誰でもわかる。その後、毎月十店舗平均で店が増え続ければ、営業しなくても毎月十店舗分のポイントが入ることになる。その場合、スタイルAでカウントするのか、スタイルEでカウントするのか、といつも議論になる。

この問題には、数学的な正解はないが、一般的には、新規開拓取引先を受注した営業マンが継続してルート営業先として担当する場合は、契約後一～三年間はスタイルEでカウントし、その後はスタイルAでカウントするという方法が多い。つまり、将来的な取引ポテンシャルの高い顧客と契約することの価値を含んで評価するという考え方だ。但し、永久に評価するとデメリットもあるので、期限を決めるということになる。

当然ながら、スタイルAになった後に担当を譲り受けた営業マンは、取引開始直後に譲り受けたとしてもスタイルAのカウントになる。

性弱説に基づく組織の作り方

正しい評価を行う方法として、全く別のもう一つの考え方がある。

それは、新規開拓営業本部とルート営業本部の二営業本部体制にすることだ。この方式だと、ポイント制にする必要はなくなる（ポイント制の利便性を考慮し、敢えて採用する場合もあるが）。

営業本部が二つになるということは、営業担当役員も二人必要ということだ。全国の同じエリア内を新規開拓担当とルート営業担当の二人の営業マンが回るという非効率的なデメリットがあるが、ポイント制度がどれだけ充実しようが、トップグループの成績争いに興味のない営業マンにとっては、ポイントゲットよりは、ルート営業の楽な営業スタイルに依存したくなるのが現実だ。そのような思考の営業マンの場合、よほどマネジャーの指導力が高くない限り、八対二以上の割合でルート営業に依存する。

結局は、会社の将来性が弱体する危険性を取り除くことにはならない。

なぜそのようなことが起こってしまうのかというと、人間は心が〝弱い〟動物だからだ。私は、このことを〝性弱説〟と呼んでいる。

新規開拓営業を実際にしたことがある人はよくわかると思うが、上手くいくことより失敗することのほうが圧倒的に多い。仕事の性質上、当たり前のことだが、毎日断られ続けると、普通の心ではどこかで折れてしまう。

それを周りも頑張っているからという励ましで心のケアをすることになるのだが、営業という職種の退職率が他の職種に比べて一・五倍ほど高いというのは、当然の帰結だとも言えるのだ。したがって、スタイルAやBをあてにすることができるルート営業は居心地がいい。

営業マンを性弱説で忖度（そんたく）すると、以上のような理由から、新規開拓営業が疎かになることを避けられないのだ。

二営業本部体制という組織作りの発想は、このような現実問題の解決を求めた策となる。

細かな話をすると、その場合、ルート営業本部は、〝営業〟というよりも〝フォローサービス〟という仕事ではないか、という議論も出てくる。その考え方で組織作りをした場合は、新規開拓営業本部のみ営業部隊と考えることになるので、結局は一営業本部体制ということになる。

どちらにしても、実際には、各営業部の事情に合わせてカスタマイズしなければならない問題なので、書籍で断定的に書くのは無理があるのだが、ここまでの説明を上手く斟酌（しんしゃく）して、是非とも貴社の営業部をより良く変えていただきたい。

第7章

Karte.7

メタボ、という病

御社の営業部は、本当に人手不足なのか

営業部の究極の二者択一

メタボに陥っている営業部は多い。

現場の声というのは、いつも正しいとは限らない。その声の中でも、〝人手不足〟という囁きには、特に気を付けたほうがよい。

営業プロセス活動分析システムによって、仕事柄、いろいろな営業部の営業量を知り尽くしている私に言わせれば、あまり営業していないことによる〝運動不足〟は切実だとしても、〝人手不足〟などとんでもない。ほとんどの営業部が、〝人手余り〟の状態だ。

目安は、営業フライト時間がイエローゾーンとレッドゾーン（一人一日平均二〇〇分未満）となる。実際には、業種業態の差も考慮しなければならないのでイエローゾーンの場合は一概に言えないこともあるが、レッドゾーン（同一二〇分未満）の営業部は間違いなく〝人手余り〟の状態だ。

既に説明した通り、一人一日平均一二〇分未満しか商談していないということは、内勤時間のほうが間違いなく長い傾向にある。喩え方が悪いかもしれないが、事務職が、内勤のついでに営業しているみたいなものだ。しかし、そのような状態の営業部でも〝人手不足〟解消の要望は多い。その理由が洒落ている。「内勤作業が追いつかないので営業社員を増やしてほしい」というものだ。それなら、営業ではなく事務を増やしてほしいという発想になりそうなものだが、なぜか営業の内勤作業は事務ではできないという理屈を出してくる。さすが営業マン。発想は逞しい。

しかし、全く真実ではない。内勤作業は、営業よりも事務のほうがよほど正確で早い。これは、営業コンサルティング経験上、結論付いている揺るぎない事実だ。「営業経験がないと仕事の流れがわからない」というのが殺し文句なのだが、そのようなことは決してない。営業マンと営業事務を適正にきっちりと分けている営業部は、営業経験のない事務職が、素晴らしいフォローをしている。要するに、〝やり切るためにどうすべきか〟という発想で取り組むかどうかだけの違いだ。

正式名「メタボリックシンドローム」の診断基準は、ウエスト周囲径（おへその高さの腹囲）が男性八五センチ・女性九〇センチを超え、高血圧・高血糖・脂質代謝異常の三つのうち二つにあてはまることとされている。

営業部のメタボ診断基準は、それよりシンプルだ。営業フライト時間が一人一日一二〇分未満は確定。同二〇〇分未満は、要診察。以上、となる。

さて、メタボ確定と診断されたらどうすればよいか。

取るべき方法は二つ。

①社員を守りたいなら、営業フライト時間を二倍化
②利益を守りたいなら、営業マンを半減、そのうち、3分の1を事務スタッフ移管

先に言っておくと、営業コンサルタントとしての立場から、一番目の方法をアドバイスすることから始めている。リストラは可能性追求に対する思考停止を招くのであまり好きでないということもあるが、営業改革に成功したときの規模が大きいからだ。

営業量二倍、売上額一・三倍のからくり

一番目の営業フライト時間の二倍化は、ほとんどの人が想像できないらしい。しかし、一番目を選択したクライアントの大半は成功している。成功できなかったところは、プライドの高い営業マネジャーが揃っているクライアントのみだ。どうもプライドが邪魔する営業マネジャーは、「いくら営業の専門家と雖も外部の人間にわかるはずがない」という拒否感が強く、また、自分の考え方を変える柔軟性に乏しい。加えて言えば、多数決の理論に思考が麻痺する状態に陥ってしまうこともある。例えば、社長の方針に社員のほとんどが反対すれば、「自分たち社員側の方が正しいのではないか」と錯覚してしまう現象だ。実際には、判断の正しさは、多数決とは関係がないのだが。

どちらにしても、営業マネジャーそのものがネックになっている場合は、三つ目の策を採用するしかない。プライドの高い営業マネジャーを代える特別な策だ。効果はてきめんだ。

さて、一策目の話に戻すと、いきなり営業フライト時間が二倍化するようなことはない。

一・三〜一・五倍ぐらいから始まって、数か月にわたってダッチロールを繰り返す。しかし、ダッチロールの平均曲線が右肩上がりであれば、早い営業部で半年後前後から、遅い営業部で一年後前後から安定的に営業フライト時間が二倍化する。

二倍化が半年以上続くようになると、それからの一年平均の売り上げは、いきなり二倍にはならないが、一・三倍以上にはなる。そのからくりは51頁でも書いたが、とても重要なことなので、言葉を変えてもう一度書く。

営業フライト時間が増えれば、案件が増える。営業フライト時間の二倍化が安定して半年以上経てば、案件を増やすための実践的なノウハウが蓄積されてくるので、案件数そのものは二倍以上になる営業マンも出てくる。しかし、増える案件の大半は、いままで拾うことができなかった難易度の高い案件であることが多い。案件を増やすための実践的なノウハウが蓄積されても、そのノウハウでクロージングはできない。そのノウハウが蓄積されるのは、まだ先の話だ。

そして、徐々にではあるが、いままでクロージングできなかった案件が少しずつ受注し始める。野球に例えると、いよいよレギュラークラスになるぐらいの実力が付いてきたので打数（案件数）が増えるが、その分、相手ピッチャーも警戒心が強くなるので、打つには難しい球が多くなる。したがって、打率（受注率）は下がる（営業フライト時間は二倍化するが、売り上げは一・三倍以上程度という意味）が、安打数は間違いなく多くなる。

野球と違って、営業の場合は安打数が最重要だ。このような状態になると、間違いなく利益状態は良くなっているだろうから、いままで大半の営業マンがメタボの原因である脂肪の塊（かたまり）のように見えていたのが、いつの間にか筋肉質に変わっており、営業部はとても均整のとれた肉体美を誇る身体に変身しているはずだ。

メタボの外科手術

業績が待ったなしの会社は、三年ぐらいの期間を掛けて着実にメタボを筋肉質に変身させる手段を取りたくても取れない。その場合は、二番目の策である「利益を守りたいなら、営業マンを半減、そのうち、３分の１を事務スタッフ移管」という緊急外科手術をするしかない。メタボの原因である脂肪を外に出してしまうのだ。

この場合、一番目の策以上に強いリーダーシップを必要とする。営業担当役員は心してかからなければならないが、なかなかこの外科手術をイメージすることができないだろう。なるべくわかりやすく書くので、何度も読み返していただきたい。

まず、会社の業績が悪化しているにもかかわらず、営業マンの営業フライト時間を一二〇分未満で放置していた営業担当役員は、猛省して出処進退を経営者に預けるべきである。また、営業マネジャーも営業プレイヤーも、全員が反省し、リストラ対象にリストアップされることを甘んじて受けなければならない。

次に、営業担当役員は、営業マネジャー、営業プレイヤー全員と一対一で向き合い、営業マネジャーに対しては、担当するチームの営業マン全員の一人一日平均の営業フライト時間を二四〇分以上にすることを誓わせる。「どうしもその考え方が腑に落ちません」「この業界は特殊なのでそれほど営業する必然性を感じません」など、この期に及んでも言い訳や自己主張を繰り返す営業マネジャーは、リストラ対象とする。

営業プレイヤーに対しても、営業マネジャー同様の営業フライト時間を誓わせ、同じように言い訳や自己主張を繰り返す人は、リストラ対象とする。

誓う本気度、いままでの営業姿勢、今後の可能性などを検討し、残留半数、リストラ対象半数とする。但し、リストラ対象半数のうち、約三分の一を営業事務として残留させる。その基準は各社の判断だが、やはり誓いの本気度、仕事姿勢、事務処理能力などが基本になる。

この第二の策は、第一の策と違って時間的猶予はない。半年掛けて一人一日二四〇分を目指す、というような悠長なことは言ってられない。一か月目から営業フライト時間二倍化を達成しなければならない。そうなると、残留した営業マンたちの身体が一日平均二四〇分商談することに慣れてないので、必要以上に不安になる。特に、デスクワークで残業が大幅に増えるのではないかと。実際は、そうはならないことが営業コンサルティングの実践で証明されているのだが、本書の読者のみなさんは想像もできないだろう。

したがって、営業経験者を事務スタッフとして残すことで、安心感を抱くようにし、実際に内勤業務の一切を任せる（事務方は全員元営業マンなので、営業の経験がない事務では営業の内勤は難しいという言い訳ができない）。そうすることにより、営業マンたちは、憂いなく営業フライト時間に励むことができる。

以上の外科手術で、六分の二の営業関係者の人件費を圧縮できる。これによって生じた経費削減、そして同僚たちのリストラの思いを一円たりとも無駄にしないように、残った社員たちが本気にならなければならないことは言うまでもない。

この策による営業フライト時間が一年以上安定する頃には、第一の策と同様、バランスの取れた筋肉質の肉体美で輝いていることだろう。

営業部の適正人員

私自身の身体もメタボ判定はされなかったが、メタボギリギリぐらいに太っていた。その後、一念発起して十キロほど体重を減らした。

いま思うと、太っていることを気にしていないときは、欲望のままに暴飲し、暴食していた。移動は、どれほど近くても車に乗った。電車は新幹線以外、一年以上乗らない、ということもあった。スポーツもほとんどやらなかった。

素直に反省するが、思いっ切り甘えていた。少しでも楽したいと考えていた。少しでも苦しいことは避けてきた。

メタボ状態の営業部は、全く同じ状況ではないだろうか。

一日一二〇分未満の商談しかしていないのに、業績が悪いのは商材が古いからだとか、コスト競争に勝てる商材を用意していないからだとか、周りのせいにして、自らの行動に対する反省が全くない。そのような営業マネジャーや営業プレイヤーが多い営業部ほど、忙しいから人を増やしてほしいとわがままを主張する。

営業部の適正人員の考え方は、次の通りだ。

一人一日平均二〇〇分以上のグリーンゾーンの営業フライト時間であっても、まだまだ行き切れていない案件で溢れており、営業マンが増えれば、もっと受注案件が増えることが確実だと確信が持てるときだけ、人員不足の状態だと考えてもよい。それ以外は、すべて適正人員となる。

一人一日平均一二〇分未満の営業部は、メタボ以外の何ものでもない。

メタボは病気だということを忘れてはならない。

第8章

Karte.8

部下無関心、という病

営業マネジャー不適格の条件

ピグマリオン効果

サンフランシスコのある小学校で、ハーバード式突発性学習能力予測テストが行われた。この大袈裟なテストの名前は、学校の先生を騙すために必要な仕掛けだった。実は、単なる知能テストだったのだが、テストの実施者は、今後数か月の間に成績が伸びる子供たちの名前を先生に耳打ちして帰った。

成績が伸びる子供たちの名前を聞いた学級担任の先生は、その子たちを期待を込めた目で見守って授業を進めた。数か月経つと、確かに成績が向上したのは、その子たちだった。

これが、教育心理学で有名なピグマリオン効果の実験だ。

実は、テストの実施者が先生に耳打ちした子供たちは、検査の結果と関係なく無作為に抽出されただけの生徒たちだった。しかし、確かに成績が向上した。

一九六八年、ピグマリオン効果の論文を発表した米ハーバード大学のロバート・ローゼンタール（Robert Rosenthal）教授は、その原因を次のように分析している。

①期待を込めた眼差しを子供たちに向けたこと
②子供たちも期待されていることを意識したこと

営業コンサルタントとして独立してから、このピグマリオン効果を知ったときに、私は、デジャヴ（既視感）を感じた。

現役の営業マネジャーだった頃のことを思い出した。いまほどマネジメント理論に精通していなかった当時は、見よう見まねでマネジメントの真似ごとをしていた。毎年、新卒の営業マンたちが入社してくるのだが、その中でも、営業マンとして期待できそうな若手に対しては、熱い眼差しを送っていた。実際に、一挙手一投足を観察し、その成長ぶりを楽しんでいた。発言内容にも耳を傾けていた。

ほとんどの若手は、私の期待を裏切ることなく成長した。

このことがどのような必然なのか、さもなくば単なる偶然なのか、明確な理論が当時の私に思い浮かぶはずもない。

しかし、いまはピグマリオン効果の重要性を日々感じている。

私は、仕事柄、数多くの営業マネジャーを見ている。その部下たちの成長する姿も見ている。優秀な営業マネジャーに共通することは、営業ノウハウに優れているだけではない。それ以外に、もう一つある。部下に対する関心度が高いことだ。

部下への関心が高い営業マネジャーは、部下のモチベーションケアが得意だ。また、部下の日々の活動内容が気になるので、一：一ミーティングや同行営業を積極的に実践する。その結果、部下とのコミュニケーションが頻繁に行われるので、チームワーク状態も良い。

逆に、部下への関心が薄い営業マネジャーは、営業マンたちの一挙手一投足に興味が湧かないので、営業会議の席で、結果管理を行うだけのマネジメントに終始する。自ずとチームワーク状態も悪くなる。

私は、営業マネジャーの人選で最も重要なことは、部下への関心度だと考えている。営業プレイヤーとして営業成績が良くても、他人への関心が薄い人、自分愛だけで周りに目を向けない人、そのような人は、絶対に営業マネジャーにすべきではない。ただでさえ営業という仕事は孤独に外回りをしなければならない時間が長いので、営業マネジャーが関心を持たなければ、営業マンたちの苦労をわかってあげる人が誰もいなくなる。

部下関心度テスト

営業コンサルティング先で、よく実施するテストがある。「部下関心度テスト」と称する。営業マネジャーの部下に対する関心レベルをチェックして、マネジメント能力向上のプログラムに活用するのが狙いなのだが、いつも面白い結果が出て、楽しませてくれる。

図⑤（206頁）は、部下関心度テスト初級編の筆記用紙だ。貴殿が営業マネジャーなら、いま速攻で書き込んでいただきたい。

部下全員の「フルネーム」を漢字で書けない営業マネジャーは、多分、みなさんが思っているより多い。五人に一人は部下数名の内、一名以上は書けない。特に、下の名前を。これは、部下に対する関心度の基本であり、営業マネジャーが下の名前を覚えていない部下は、間違いなくそのことに気付いている。それだけで営業マネジャーに対する忠誠心は失われる。

「趣味」は、比較的書ける営業マネジャーが多い。一問ぐらい答えやすい設問が必要だと思

図⑤　部下関心度テスト

		1	2	3
①	フルネーム			
②	趣味			
③	同居人(現住所)			
④	自宅最寄駅			
⑤	誕生日			
⑥	入社理由			
⑦	将来の夢			
⑧	伸ばしたがっている仕事能力			
⑨	いまの悩み			
⑩	一週間以内に褒めたこと			

い用意した。

いま住んでいる家の「同居人」を知らない営業マネジャーは、部下のプライベートに無関心であることを示唆する。一人暮らしなのか、家族と住んでいるのか、それぞれの事情に合わせた配慮も必要だろう。

「自宅最寄駅」は、意外に書けない営業マネジャーがいる。なお、車通勤の部下は、住んでいる住所（番地まではいらない）でも構わない。

「誕生日」については、誰一人書けないという営業マネジャーが、実は、八〇パーセントを超える。まさか個人情報保護法の弊害でもないだろうが、営業マネジャーは、部下の誕生日ぐらい覚えおいて、その日は早く帰らせてあげる配慮が欲しい。

「入社理由」や「将来の夢」を把握していない営業マネジャーも意外に多い。このあたりが書けない営業マネジャーは、部下の働く動機について関心が薄い。チームで飲みに行ったりしたときに、仕事と関係ない話もいいが、そのようなときこそ、酒を傾けながら部下の働く動機に耳を傾けてあげてほしい。

「伸ばしたがっている仕事能力」が書けない営業マネジャーは、それだけでマネジャー失格だ。部下の能力向上は、営業マネジャーの必須アイテムであり、これが書けないということは、部下の顔を個別で見るのではなく、〝部下〟というひとかたまりを見ているだけと思われても仕方ない。

「いまの悩み」は、仕事のことでもプライベートのことでも構わない。上司と部下は、仕事を中心とした付き合いではあるが、人間は仕事とプライベートを割り切れるものではない。プライベートの悩みを仕事に引きずっている場合は、プライベートの悩みを聞いてあげる度量も必要だ。

「一週間以内に褒めたこと」は、書けない営業マネジャーが多い。部下に関心を持つというのは、部下のモチベーションケアにも関心を持つことであり、部下をマイナスの眼だけで見てあげるのではなく、何かプラスのことを見つけて褒めてあげていただきたい。「言葉の褒美、年五〇」（週一のペースで褒めること）を実践すれば、それだけで部下が愛おしくなる。

以上のように、一問ごとのチェックをした上で、全体を俯瞰したチェックも行っていただきたい。縦軸（特定の部下）の記入が少ないときは、特定の部下に対する関心が特に薄い、ということを表わす。また、横軸（特定の項目）の記入が少ないときは、その切り口からの部下への関心が薄いということになる。この俯瞰チェックにより、特定の部下、特定の項目に対する自分自身の関心度の把握を行い、マネジメントに活かしていただきたい。

オーケストラの指揮者に学ぶ

オーケストラの指揮者を観察すると、マネジメントにとって必要な振る舞いや心得、そして、アクションプランがよくわかる。マネジメント理論の世界的権威者であるピーター・ドラッカー（Peter Drucker）氏の著書『マネジメント 基本と原則（Management：Tasks, Responsibilities, Practices）』（ダイヤモンド社）でも、「マネジャーの役割はオーケストラの指揮者に似ている」と書かれているので、確かなことだと考える。

みなさんイマジネーションを働かせていただきたい。

オーケストラの練習中に、一人の楽器演奏者が下手な演奏をしたら、指揮者はどのような行動を取るだろうか。

①指揮棒を叩いて、演奏を止める（Check）
②下手な演奏者に注意し、どうしてほしいか指導する（Advice）
③それでも治らないときは、居残り特訓をする（Training）

このような指揮者の行動は、マネジメントの模範とすべきだ。まず、下手な演奏を聞き漏らすことのないように常に耳を澄ませてチェックし、その場で指導する。その場の指導でカバーできないときは、全体練習が終わってから居残り特訓に付き合ったり、課題を与えて遅れを出さないように工夫したりしている。この迅速な流れが素晴らしい。特に、オーケストラの場合は、チームのハーモニーが崩れるとお客様からブーイングが出るので練習段階から必死にならざるを得ない、ということもあるだろうが、見習うべきことが多い。

営業マネジャーの内、ここまで迅速な対応をする人が、どれぐらいいるだろう。多くの営業マネジャーは、一週間に一度程度の営業会議で、タイミングを逸したアドバイスをするのが精一杯ではないだろうか。ましてや、部下一人一人の能力の遅れを取り戻させてあげようと必死になる人がいるだろうか。

営業マネジメントに必要なことは、Check、Advice、Training をリズムよく行うことに尽きる。私は、これを「CATマネジメント」と呼び、営業マネジメントの基本としている。

第9章

Karte.9

健康診断拒否症、
という病

営業部がよくならない
根本理由

体育会系上意下達で育った人々

先日、スポーツ&音楽評論家の玉木正之氏の話を聞く機会があった。歯に衣を着せぬ発言で人気のコメンテイターとしてテレビなどでも活躍されているが、実際に会ってみて、その通りだった。

印象に残った話題として、「スポーツと体育の違い」があった。

体育は、知育、徳育と並んで重要な概念だが、体育会系の理不尽な上意下達の悪しき習慣がいまだに残っている面で、〝体育〟という言葉には悪いイメージが付きまとっている、という部分は、特に溜飲が下がる思いだった。

私は、この話を聞いているときに、高校時代の新入生の頃を思い出した。私は、小学校、中学校と野球をしていたのだが、憧れのスポーツとして、ずっとテニスを意識していた。そして、高校生になったらテニス部に入ろうと決めていた。

入部初日、十数名ほどいた新入生が並んで立たされると、三年生が椅子にふんぞり返って、相当偉そうなことを言い出した。野球部時代でも先輩から石灰石の入った薬缶の水を飲まされるという悪しきしきたり（昭和時代は当たり前の雰囲気があった）にも耐えてきた私でも、さすがに憤った。夢と希望を持って入部した新入生に対して、君たちはいじめがいのあるペットだという雰囲気を初日に作ってしまう体育会系の上意下達の慣習に辟易し、三日で退部した。誤解のないように言っておくと、私は、上意下達そのものを否定しているわけではない。上意下達を悪用することのダメさに対して言及しているだけだ。

玉木氏の話は、体育会系の上意下達の悪しき慣習が、会社組織にもそのまま持ち込まれており、それが人材の発育を封じ込める作用を及ぼしている、という重要な内容に展開していった。

営業コンサルタントとして、数多くの会社組織を垣間見る機会があると、随所に体育会系の上意下達場面に遭遇することがある。

適材適所という言葉とは正反対に、不適材不適所と判断せざるを得ない営業マネジャーの多さが、その一端だ。

私のような外部の人間には〝奇妙〟の二文字しか浮かばないような人が営業マネジャーに

なっていることが少なくない。半年ほど経つと内部の人間関係がわかってくるのだが、まさしく上意下達の典型例で、上司からすると仕事能力以上に、〝自分にとって使える奴〟かどうかで人事評価の〝引き〟が違うのだ。これは、私の言うところの社畜とは違う。社畜とは、会社に蓄積されたナレッジをすべて吸収するための処し方のことを意味し、会社にとって役立つ人材として成長するための概念なのだが、この場合は、社畜ではなく、明らかな〝人畜〟というものだ。会社の役に立つどころか、成長したい部下にとっては迷惑この上ない。

ところが、上の人間にとっては、こんなに居心地の良い環境はない。なんだかんだと言って、人は自分のことを中心に考えるからだ。本能的なふるまいの結果ではあるのだが、残念なことだ。

酒を注がない部下を昇進から外す部長

ある乗り物に乗っていたとき、次のような会話が聞こえてきた。

「○○君の主任昇格申請のことだが、あれは却下だ」と上司（話の流れから部長と推察）の言葉。

「えっ⁉（一瞬驚く）彼はとても優秀で業績がいいだけではなく、仕事姿勢が素晴らしいので、同期一番の出世をさせてあげたいと思っているのですが……」と部下（課長と推察）の言葉。

「業績が良くても態度がなってない。この前の優秀営業マンたちとの飲み会で、私の隣に座ったのだが、酒を注いだのは最初の一杯だけだ。それ以外は、全く注ごうとしない。このような奴は必要ない。君の育て方が悪いのではないか？」

隣に座っている部下以上に私のほうが「えっ⁉」と声をあげそうになった何と理不尽な人事であろうか。酒を飲みたければ自分で注げばいい。日本の酒を注ぐ習慣は、好意と受け取るべきで、強制する類のものではない。しかも、それを人事評価の基準にしてしまうとは――。

しかし、残念ながら、日本企業の上位クラスには、このような考え方を好む人が少なくない。

自分のことを〝信号機〟と勘違いしているのだろう。

「私が〝赤〟と言えば〝赤〟」となるのだ。

他人の意見から学ばない浦島太郎状態

以上の前置きの話が何に繋がるのか。

それは、組織の成長に繋がる。

68頁で、人の成長とは、新たな知識を加えるたびに、「記憶➡経験➡応用」を繰り返すことでなされるものだ、ということを書いたが、組織も全く同じことが言える。

したがって、成長の基礎となるのは記憶、つまり〝知識〟となる。

組織に必要な知識について考えてみよう。

第一に、組織が長年培ってきた蓄積ノウハウが根本としてある。これを社内ナレッジと呼ぶ。社内ナレッジは、営業マンたちが必要とする知識の中でも、最も具体的なものだと考えてよい。自分たちの商品やサービス特有のイレギュラーなケースに対しても、誰かが対応した経験を持ち、それがナレッジとして蓄積されてきているので、当然のことだ。

第二に、業界ナレッジというものがある。同業他社や営業先のお客様に蓄積されてきたナレッジは、自社にも通用するものが多い。

営業の世界では、「お客様に教えられることが多い」とよく言われているが、これは、いろいろな同業他社の営業トークを聞いたり、実際に過去の導入経験などから、違う視点のナレッジを蓄積していることがあるからだ。

また、特に自社側が業界中位ぐらいで、上位の会社が数社ある場合は、規模が大きい分、多種多様の対応経験を持っているので、学ぶ点が多いのも確かなことだ。

そして、第三に、社会ナレッジというものがある。業界とは関係のないノウハウは、一見適合しないと思われがちだが、実は、この第三のナレッジこそ、組織を成長させる鍵を握っていると言っても過言ではない。

例えば、先ほど人事評価の例を出したが、一般的な人事評価理論を学んだかどうかで、かなり思考の奥行きが変わってくる。コミュニケーションについても同様だ。社内ナレッジだけで営業ノウハウを学ぶと、「こういう場面ではこのような話し方が有効だ」とか、対症療法的な内容に終始しやすいのだが、社会ナレッジからは、お客様を不快にさせない発声法など専門的なナレッジから営業に役立つノウハウが吸収できる。

その切り口の一つに、私のような営業コンサルティング経験を積み重ねた者は、〝営業そのもの〟についての蓄積ナレッジを持っている。

ところが、体育会系の上意下達に慣れた営業マネジャーは、〝他人のアドバイス〟の耳障りが悪い様子だ。

営業部の業績改善に必須と考えられる戦略・戦術をアドバイスした場合、質問や反論はなく粛々と会議は進むが、行動結果を鑑みると、明らかに「当社は特殊だから、当社のことを熟知している〝私〟の考え方以外は役立たない」と頭の中では考えているとしか思えないケースがよくある。その結果、私の教えが、その営業マネジャーの部下に届かない事態となる（小さな組織であれば全員に直接伝えるので大丈夫なのだが）。

それでも業績が好調であればいいのだろうが、業績が不調な営業部ほど、このような浦島太郎が多く存在する。

なぜ浦島太郎と揶揄するかというと、数年前の自分が現役だった頃のナレッジがいまだに通用すると信じ込み、人事評価も体育会系のノリなので、部下たちは意見も言えない結果、いつの間にか裸のマネジャーになっているからだ。

営業コンサルティングという見せ球で営業マネジャーの質がわかる

営業コンサルティングは、トップからの依頼が大半を占める。営業マンたちはそのような予算権限もないし、営業マネジャーたちは自分たちのやってきたことが否定されるかもしれない、という危険を冒すことはないからだ。

そのような事情を頭にイメージすると、わかりやすいと思うが、営業部の自己改革に焦りを覚えて営業コンサルティング会社への依頼を検討するのはほとんどトップとなる。これは自然な流れだ。中には、営業と経営を混同しているのか、経営コンサルティング会社に依頼をしてしまうトップが後を絶たない様子だが、まだまだ営業コンサルティングという仕事が世の中に広まっていない証左とも考えられる。

さて、トップが自分一人で決断したときは、大抵契約に至る。もしくは、営業部ではない経営企画室系、人事部門系（教育部門を内包している場合が多い）が絡む場合もそれほど障壁にはならない。

ところが、トップが営業コンサルティングメニューの説明を受けて、「社に戻って営業幹部に聞いてくる」と返事を保留した場合は、九割以上がお断りの電話かメールを入れてくる。営業幹部が、そのときだけは与野党大同団結して拒否をしてくるからだ。そして、そのときの殺し文句が「今度こそ頑張ります。私たちを信じてください」というものだ。トップからすると、バラバラだった営業部にまとまりを感じるので、「今度こそ本当にやってくれるのではないか」と淡い期待をしてしまうことになる。

結果は、よくなるわけがない。なぜなら、その時まで悪い状態だった社内ナレッジで改革を行うには無理があるからだ。

営業部の健康診断

世の中には、必ず因果関係がある。営業部の業績が悪いという結果には、必ず原因がある。その原因を取り除き、新たな試みを行うためには、必ず、社内の誰かを否定するという荒業を乗り越えなければならない。しかし、内部にそれを求めるのは酷というものだろう。その結果、いままでのやり方の延長上での取り組み以外できるはずもないので、営業改革は必ずと言っていいほど成功しないのだ。

そこには、新しい発想が必要だ。

それは、「自分たちを否定する」という素直な反省だ。自分たちを否定することができる人は強い。実際に、トップの打診に対して、「それはいい機会です。私たちは素直に反省し、外部の方のアドバイスをいただいてでも再生したいです」と答え、営業コンサルティングが始まったクライアントは、必ず成功する。

自分たちを壊すことから、新しい自分たちが生まれる。この逞しい再生の考え方は、私たち人間が何度も歴史に残してきたことではないだろうか。

だからこそ、営業部を再生したい人は、実際に外部に依頼するかどうか別にして、トップから次のような言葉を営業幹部にかけてもらうとよい。

「営業コンサルティング会社に営業改革を依頼しようと考えているのだが、君はどう思う？」

これこそが、営業部の健康状態をチェックする最高の問診となる。

あとがき

最近、ある夢を見ました。

営業カバンを持った私が、高台に立って地平線を見渡しているのです。よく見ると、その地平線は米国オーランドにあるディズニーワールドのホテル最上階から見渡したことがある地平線でした。三〇代の頃、USEN広報担当役員を兼務していた私は、ディズニーが傘下におさめる米国TV三大ネットワークのABC主催パーティに参加していたのです。

いまでもその時のことを、はっきりと覚えています。ディズニーワールドの地平線を見渡しながら、それまでの努力の日々を走馬灯のように巡らせていました。営業マンとして一五〇〇名（現役最終年は三〇〇〇名）のトップに立つために、人一倍の努力をしました。言葉で簡単に書けないほど努力をしました。当時、一度入れたアポイントは絶対にキャンセルしないということを守っていたので、飲み会がある日に、その日中の課題をお客様から与えられたら、飲み会が終わってから会社に戻り、朝方まで資料を仕上げるということも数えきれないぐらいしてきました。

また、どのような失敗も自己反省に立ち返り、不足している能力向上に努めました。言い訳と責任回避に逃げないように自分を律していました。

そのような努力の褒美として、ディズニーワールドの地平線を見渡すことができる場所に立ったとき、とても感慨深いものがありました。

さて、私は、本書を通して何を言いたかったのか。

一言で言えば、〝努力の大切さ〟だったのだろうと思います。但し、「自分なりに頑張っています」という甘ちゃんな努力のことを言っているのではありません。〝自分なり〟という言葉は便利な言葉で、自分が努力していると思ったら努力していることになってしまいます。

努力とは、そのようなものではありません。自分自身が親から授かった能力を最大限引き出すための〝やり残しのない〟努力でなければなりません。絶対的な努力でなければなりません。そこに、〝自分なり〟という妥協があってはならないのです。

妥協は、言い訳を許します。

妥協は、責任回避を許します。

そして妥協は――、成長をストップさせます。

営業コンサルタントとして残念なことがあります。言い訳、責任回避を繰り返すだけで、自分自身の可能性を自らが潰してしまう人が多いことです。謙虚に言っているのではなく、私よりも営業マンとしての素質、営業マネジャーとしての素質に溢れている人は、数多くいます。しかしながら、そのほとんどが努力不足により成長できないのです。

本文にも書いていますが、新しい試み、いままでと違う挑戦に対して、「我々の営業スタイルは特殊で、それを熟知しているのは私だ」という〝自分なり〟の思い込みを金科玉条のように信じ込み、結局は、何も変えようとしない営業マン、営業マネジャーが星の数ほどいます。営業担当役員や経営者は現場から遠いだけに、それらの現場の声を信じるしかありません。

その結果、重病患者のようにフラフラになった営業部に会社の将来を託すしかない、という事態を招いてしまうのです。

そうなってからでは遅いのは言うまでもありません。その前に、適切な病院で健康状態をチェックしてもらい、病状に合わせた処方箋を受け取るべきなのです。処方箋を受け取ったら、「これぐらいの病気、自分たちだけは大丈夫」と思い込まず、治療に専念してください。

その素直な取り組みさえ心掛ければ、営業部の健康は必ず回復します。

最近、ある本を読みました。

ハンス・クリスチャン・アンデルセン（Hans Christian Andersen）氏が著した『人魚の姫（Den lille Havfrue）』（新潮社）の原作です。矢崎源九郎氏の訳が素晴らしかったこともあったでしょうが、とても感動しました。一般的に知られているストーリー（人魚姫と王子様が結ばれる）と違い、原作はどこまでも悲劇です。

王子様に恋した人魚姫は、嵐で遭難した王子様を助けます。しかし、王子様が目を開ける前に姿を隠したので、王子様はそのことを知りません。人魚姫は王子様に会いたくて仕方がありませんが、そのためには人間にならなければなりません。魔女にその思いと伝えると、魔女はその夢を叶えるために二つの条件を出しました。一つは、人魚姫の美声を魔女に譲ること。もう一つは、王子様が別の女性と結婚すれば人魚姫は海の泡となって消えることです。人間になった人魚姫は、声を失う代わりに王子様と親しくなることができました。しかし、幸せな日々は続きません。王子様が遭難から目を覚ました時に偶然通りかかった娘を命の恩人と勘違いしており、その娘と偶然再会したことで結婚してしまうことになったからです。声を失っていた人魚姫は、自分が命の恩人だと伝えることはできません。悲嘆に暮れる人魚姫に、姉妹たちがある短剣を渡し、王子様の血を浴びれば人魚に戻れるという魔女の伝言を教えます。しかし、王子様を心から愛していた人魚姫は王子様を殺すことができず、自分の命が消えることを選んだのです。

アンデルセン氏は、美しい心の素晴らしさを見事に描写しています。最後の数行に、悲劇の中の救われる描写もさりげなく盛り込んでいます。

私は、一つでも多くの営業部が健康を取り戻すことを心から願っています。そのためには、営業部の一人一人が、自分の自尊心を守るためのこだわりを捨てる覚悟が必要です。人魚姫が王子様を愛したように、自分の所属する営業部を愛するべきです。営業部の一人一人が、少しでも人魚姫の献身の心で〝自分なり〟のこだわりを捨てたなら、美しい心の持ち主は最後に救われるとアンデルセン氏が描写したように、営業部にも自分自身にも奇跡が起こるでしょう。

最後に、本書を著すにあたり、多大なご協力をいただいたクライアントのみなさん、編集・印刷関係のみなさんに深い感謝の意を表し、筆を置きます。

藤本篤志

二〇一六年十一月

藤本篤志 ふじもと・あつし

1961年大阪生まれ。大阪市立大学法学部卒。株式会社USEN取締役、株式会社スタッフサービス・ホールディングス取締役を歴任。2005年7月、株式会社グランド・デザインズを設立する。営業プレイヤー、営業マネージャーの両面で全社トップの成績を収め続けた経験を活かして、主に営業分野、マネジメント分野におけるコンサルティング活動、講演活動、研修活動などを展開。著書にベストセラーとなった『御社の営業がダメな理由』のほか『どん底営業部が常勝軍団になるまで』『そんな営業部ではダメになる』『印象でわかる×社員』等、多数。

www.eigyorevolution.com

日経プレミアシリーズ 324

御社営業部の「病気」治します

二〇一六年一二月八日 一刷

著者 藤本篤志

発行者 斎藤修一

発行所 日本経済新聞出版社

http://www.nikkeibook.com/

東京都千代田区大手町一―三―七 〒一〇〇―八〇六六

電話 (〇三)三二七〇―〇二五一 (代)

装幀 ベターデイズ

組版 マーリンクレイン

印刷・製本 凸版印刷株式会社

ISBN 978-4-532-26324-9 Printed in Japan

日経プレミアシリーズ249

そんな営業部ではダメになる

藤本篤志

営業にマニュアルは役立たない、若手社員は現場経験で育つ、営業は量より質……業績が低迷する会社には、こんな〝幻想〟が蔓延している。コンサルタントとしてさまざまな企業に関わる著者が、営業改革に失敗する組織の実例をもとに、御社の営業部を変革し業績を回復させるための秘伝をついに公開する。

日経プレミアシリーズ166

選ばれる営業、捨てられる営業

勝見明

データばかり見て現場を見ない、「客の客」にまで目が届かない、社内情報不足で顧客ニーズに応えられない、やたら接待に誘う――。こんな営業マンとは付き合えません！　各業界の敏腕バイヤー約40人に徹底取材を敢行。そこから浮き彫りになった「選ばれる営業マン」の5つの能力とは？

日経プレミアシリーズ159

仕事の9割は世間話

高城幸司

単なる無駄話と仕事に活かせる世間話はここが違う。相手の心を開き、本音を探り、信頼関係を築くための話術を、営業のプロが徹底コーチ。場の空気を和らげる話題の選び方、肯定的な状況を作り出す質問術、さりげなく相手をほめる法、本題に持っていくための「仕切り言葉」まで、即役立つテクニック満載。